高情商演讲术

如何升级你的影响力

朱莉 —— 编著

四川美术出版社

图书在版编目（CIP）数据

高情商演讲术：如何升级你的影响力／朱莉编著. 一成都：
四川美术出版社，2019.8（2022.12 重印）
ISBN 978 - 7 - 5410 - 8694 - 6

Ⅰ．①高… Ⅱ．①朱… Ⅲ．①演讲 - 语言艺术 - 通俗读物
Ⅳ．①H019 - 49

中国版本图书馆 CIP 数据核字（2019）第 146707 号

高情商演讲术：如何升级你的影响力
GAO QINGSHANG YANJIANG SHU：RUHE SHENGJI NIDE YINGXIANG LI

朱莉　编著

策 划 人　杨建峰
责任编辑　秦朝霞　田倩宇
责任校对　周　昀　袁一帆
出版发行　四川美术出版社
　　　　　成都市锦江区金石路 239 号
成品尺寸　208mm×143mm
印　　张　5
字　　数　118 千字
印　　刷　三河市众誉天成印务有限公司
版　　次　2019 年 8 月第 1 版
印　　次　2022 年 12 月第 3 次印刷
书　　号　ISBN 978 - 7 - 5410 - 8694 - 6
定　　价　36.00 元

演讲学是一门古老的学问。 在中国、古埃及、古希腊、古罗马、古巴比伦、古印度等具有悠久历史文明的古国，演讲早已成为普遍的社会现象。 人类自有演讲以来，演讲活动就一直绵延不绝，方兴未艾。 究其原因，就是演讲有着不可估量的社会价值和深远的影响作用。

通过演讲，可以祛邪扶正，形成正确的社会舆论，促进社会文明发展；培养民众高尚美好的情感，促进人类文明建设；唤起民众的行动和实践。 同时，对个人的作用也是巨大的，能展示个人的人格魅力和影响力，促进个人职业生涯的发展。

进入信息时代，职场人士如何提升自身的影响力，演讲无疑是一种追求成功、展示自我的不可替代的方式。 事实上，我们每个人都是一个演讲者。 每天在不同场合要发表自己的观点，就是 个即兴演说。 那么，要锻炼自己的演说能力，光会开口说话是远远不够的，需要进行系统训练。 只有这样，你的演说才会光彩夺目，鼓舞人心。

鉴此，我们组织编写了这本《高情商演讲术：如何升级你的影响力》。本书从技术角度和实践应用两方面切入，在充分展示演讲巨大威力的基础上，将理论与实践相结合，以通俗易懂的语言深入浅出地解析如何通过高情商演讲，展示你的影响力，是迄今为止技巧最丰富、方法最实用、好学好用的演讲实操手册。

2019 年 5 月

01

高情商演讲，从塑造你的完美演讲仪态开始

02

精心准备演讲稿，赋予演讲辞穿透钢板的力量

03

研究听众，用策略牵着听众的情绪走

04

开好凤头，让你一开口就抓住听众的心

05

掌控演讲进程，用你的高超演讲征服听众

06

收好豹尾，让你的演讲鼓舞人心

07

熟练掌握控场技巧，你就是演讲高手

08

随时发表脱稿演讲，提升你的影响力

高情商演讲，
从塑造你的完美演讲仪态开始

面带微笑
可拉近同听众的距离

笑是大部分人能够做出的一个动作，我们在生活中总是不停地重复着各种笑容，笑是人脸上一种最棒的表情，它能够反映出一个人的内心世界。

在运用微笑传情达意时，要真诚自然，适度得体。微笑是一个人自信的标志、是待人接物时最基本的礼貌之一，同时一个人的涵养和情感都可以通过微笑表现出来。微笑可以沟通情感，消融"坚冰"，是善意的标志、友好的使者、成功的桥梁。

作为一名演讲者，在演讲中面带微笑，不但可以给听众一种温和开朗的印象，而且可以建立一种融洽气氛。

在所演讲的内容和听众的认知有所偏差，或者有刻意刁难的问题出现时，微笑可以消除听众的抵触情绪，激发听众的感情，缓解场面上的矛盾，避免冲突的发生。

值得我们注意的是演讲中的微笑是要讲究时机的，如果时机不对，同样是无法取得良好的演讲效果的。

1. 在上台和下台时，要面带微笑

上台时的微笑可以给听众一个良好的第一印象，拉近演讲者与听众的关系。下台时的微笑可以给演讲做一个良好的结尾，使听众感到温馨和意犹未尽。

2. 在赞美歌颂一些人、一些事时一定要面带微笑

只有微笑才能代表演讲者的赞美是发自内心的，才能加强演讲的感染力。如果演讲者面无表情地发表赞美，那么就会在听众中留下这个演讲者只是虚伪的赞美，并没有加入感情的印象，那么演讲的效果和影响力就大打折扣了。

3. 在面对听众提问时一定要面带微笑

这样做的原因有两个，一是表示对听众的尊敬，二是通过微笑鼓励听众说出自己的想法。

4. 即使遇到反对的声音，也要微笑面对

有这样一个例子，一个女交警在执勤站岗时遇到了一名喝醉酒的男子纠缠，尽管如此，女交警依然微笑着回答了男子的问题。这名女交警的态度为她赢得了赞誉。在演讲中同样是如此，听到了不同或批判的声音，就更应该微笑着聆听。因为每个人的观点和看法都是不尽相同的，通过听众的反对意见，同样可以使我们学到很多东西，同时能够使得演讲现场气氛活跃起来。

5. 如果遇到了大声喧哗或者捣乱的听众，也可面带微笑

因为一方面这是在公共场合的基本礼仪，另一方面，怒目

相对，也会影响其他正常听演讲的听众，使得他们觉得扫兴。所以在这种时候，作为一名演讲者，可以略略停顿一小会儿。这时一些听众会自发地维持会场的纪律，等待会场稍微安静一些时，可以面带微笑地对扰乱了演讲的人进行含蓄的批评。

那么要如何微笑，微笑训练都有哪些技术上的要求呢？

我们可以借鉴摄影师在拍摄照片时常会问的问题，例如，问："肥肉肥不肥？"答："肥！"问："糖甜不甜？"答："甜。"或者说"田七""茄子"等，都可以使我们自然地做出微笑的动作。

平时，我们可以在空闲的时候，面对镜子做微笑的练习。

看看口腔开到什么程度为宜；嘴唇呈什么形态，圆的还是扁的；嘴角是平拉还是上提。要注意，口腔打开到不露或刚露齿缝的程度，嘴唇呈扁形，嘴角微微上翘。如果能每天面对镜子练习 30 分钟，就能成为一个具有得体微笑的演讲者了。

同时，每天的微笑练习还能够帮助我们找出平时容易犯的毛病。

最后要注意的一个问题就是，不是所有的演讲都要有笑容。微笑也要分清场合，如召开重要会议、处理突发事件时，就不能面带微笑。

手势语言
富有强大的感染力量

手势是人们演讲态势的主要形式。借助手势说话的关键在于"助"。它既不同于烘托语，可代替讲话，又不同于演节目，可以用手势演出情节。

手势有两大作用，一能表示形象，二能表达感情。许多演讲家的手势语独显其妙。列宁常习惯于用左手大拇指横插于坎肩，右手有力坚定地探向前方，身体微倾向听众，展现出一种独特的姿态。借助这种手势语列宁的演讲总能鼓舞人心，引起听众强烈共鸣。

可见，恰当的手势不仅有助于展示人格魅力，而且有利于增加鼓舞作用，往往是"此处无声胜有声"。

手势运用能构成演讲者丰富多彩的主体形象，使表达富有感染力量。自然而安稳的手势，可以帮助表达者平静地说明问题；急剧而有力的手势，可以帮助表达者升华感情；稳妥而含蓄的手势，可以帮助表达者表明心迹。

林肯做律师时的老朋友赫恩登曾回忆林肯在进行法

庭论辩时说："他对听众恳切地发表讲话时，那瘦长的右手指自然地充满着动人的力量，一切思想情绪完全贯注在那里。为了表现欢乐的情绪，他把两手臂举成50度的角，手掌向上，好像已抓住了他渴望的喜悦。他讲到痛心处，如痛斥奴隶制时，他更紧握双拳，在空中用力挥动。"

手势语"词汇"丰富，千变万化，没有一个固定的模式。作为一个出色的演讲者，平时要认真观察生活，刻苦训练，积极付诸实践。

下面介绍一些常用的手势：

1. 拇指式。竖起大拇指，其余四指自然弯曲，表示强大、肯定、赞美、第一等意。

2. 小指式。竖起小指，其余四指弯曲合拢，表示精细、微小或蔑视对方。

3. 食指式。食指伸出，其余四指弯曲并拢。用来指称人物、事物、方向，或者表示观点甚至表示肯定。胳膊向上伸直，食指向空中则表示强调，也可以表示数字"一""十""百""千""万"……食指弯曲或钩形表示九、九十、九百……齐肩画线表示直线，在空中划弧线表示弧形。

4. 食指、中指并用式。食指、中指伸直分开，其余三指弯曲，这一手势一般表示二、二十、二百……在一些欧美国家与非洲国家表示胜利的含义。

5. 拇指、食指并用式。拇指、食指分开伸出，其余三指弯曲表示八、八十、八百……拇指、食指如果并拢表示 OK、肯定、赞赏之意；如果二者弯曲靠拢但未接触，则表示"微小""精细"之意。

6. 拇指、食指、中指并用式。三指相捏向前表示"这""这些"，用力一点表示强调。

7. 仰手式。掌心向上，拇指自然张开，其余弯曲，这一手势包容量很大。区域不同，意义有别：手部抬高表示"赞美""欢欣""希望"之意；平放是"乞求""请施舍"之意；手部放低表示无可奈何，很坦诚。

8. 俯手式。掌心向下，其余状态同仰手式，这是审慎的提醒手势，同时表示反对、否定之意；有时表示安慰、许可之意。

9. 手切式。五指并拢、手掌挺直，像一把斧子用力劈下，表示果断、坚决、排除之意。

10. 手啄式。五指并拢呈簸箕形，指尖向前，表示提醒注意之意，有很强的针对性、指向性，并带有一定的挑衅性。

11. 挥手式。手举过头挥动，表示兴奋、致意；双手同时挥动表示热情致意。

12. 掌分式。双手自然撑掌，用力分开。掌心向上表示"开展""行动起来"等意；掌心向下表示"排除""取缔"等意；平行伸手则表示"面积""平面"等意。

13. 拳举式。单手或双手握拳，平举胸前，表示示威、报复；高举过肩或挥动或直锤或斜击，表示愤怒、呐喊等意。

14. 拳击式。双手握拳在胸前做撞击动作，表示事物间的矛盾冲突。

15. 拍肩式。用手指拍肩击膀，表示担负工作、责任和使命的意思。

16. 颤手式。单手或双手颤动，必须与其他手势配合才表示一个明确的含义。

手势语言是人类在漫长进化历程中最早使用的一种交际工具。在原始社会里，先民们主要是依靠手势语言进行交际的。而后，人类社会出现了有声语言和文字，手势语言才降为对有声语言辅助、补充和修饰的从属地位。

手势语言运用得是否恰当自然，这直接关系到演讲表达主体的形象。既要避免像石头人一般的站立着，两手无力地下垂或自始至终只用一个手势动作，显得呆滞死板；也要防止手势动作泛滥；更要纠正用手玩弄扣子、不断地用手抚摸茶杯、老是重复同一动作，以及用手指对方鼻子等不良习惯。应在演讲实践中不断地加强自身的修养，努力做到手势动作优雅、适当贴切、准确干练、舒展自如、因人而异、因地制宜、协调一致、恰到好处。这样，才能充分发挥手势语言传情达意的功用，增强演讲表达的效果。

◆ 演讲从塑造你的完美仪态开始 ◆

微笑可以拉近与听众的距离

笑是人脸上最棒的表情，也是一个人涵养、自信与情感的外在表现。

列宁是一位天才的演说家。他标志性的手势，已经成为经典。

列宁在1918

手势语言富有强大的感染力

可以烘托气氛，起到比语言更有力的鼓舞作用。

他的目光语就是一台"征服一切的戏"。

美国总统里根

用目光语表达你的思想和情感

眼睛是心灵的窗户，眼神是心态的轨迹。目光语具有很强的征服力。

用眼睛
表达你的思想和情感

心理学研究表明，在人的各种感觉器官可获得的信息总量中，眼睛要占 80% 以上。 人内心的隐秘，胸中的冲突，总是自觉不自觉地在不断变幻的眼神中流露出来，犹如一面聚焦镜，凝聚着一个人的神韵气质。 泰戈尔说："一旦学会了眼睛的语言，表情的变化将是无穷无尽的。"

高尔基在回忆列宁的演讲时写道："在他那蒙古型的脸上，一双锐利的眼睛在闪闪发光，表现出一个不屈不挠的战士对谎言的反对以及对生活的忠实。他那双眯缝着的眼睛在燃烧着，使着眼色，讽刺地微笑着，闪烁着愤怒。这双眼睛的光泽使得他的演讲更加热烈、更加清晰。有时仿佛是他精神上有一种不可战胜的力量，从他的眼睛里喷射出来，那内容丰富的话语在空中闪光。"

当代演讲家彭清一演讲时，总是以自己的亲身体验现身说法，把饱满的热情淋漓尽致地"写"在眼里，其眼窝、眼睑、虹膜和瞳孔组成一台完整的戏。

刘鹗在他的小说《老残游记》中有一段关于艺人王小玉上台说唱的描写："……她将鼓槌子轻轻地点了两下，方抬起头来，向台下一盼。那双眼睛如秋水、如寒星、如白水银里头裹着两丸黑水银，左右一顾，连那坐在远远墙角里的人都觉得她看见自己了。那坐得近的，更不必说。她的眼神的意思是：我已经注意到各位了。"

这眼神奇妙绝伦，就像无声的问候和命令，比高叫一声"请大家安静"更起作用。

眼神是运用眼的神态和神采来表达感情、传递信息的无声语言。在面部表情中，是最生动、最复杂、最微妙、也最富有表现力的。眼睛是心灵的窗户，最能倾诉感情，沟通心灵。眼神千变万化，表露着人们丰富多彩的内心世界。正如苏联作家费定的小说《初欢》中所描写的那样："……眼睛会发光，会发火花，会变得像雾一样暗淡，会变成模糊的乳状，会展开无底的深渊，会像火花和枪弹一样投射，会质问、会拒绝、会取、会予、会表示恋恋之意……"眼睛的表情，远比人类的语言来得丰富。

在与人交谈中，正视对方，表明对对方的尊重；斜视对方，表明对对方的蔑视；看的次数多，表明对对方的好感和重视；看的次数很少或不屑一顾，表明对对方的反感和轻视；眼睛眨动的次数多，表示喜悦和欢快，也可表示疑问或生气；眼睛眨动的次数少甚至凝视不动，表示惊奇、恐惧和忧伤；如果不敢直视对方，也可能是因为害羞，可能有什么事不愿让对方知道；如果怀有敌意的双方互相紧盯着，其中一方突然把眼光移向别处，则意味着退缩和胆怯；如果谈判时有一方不停地转动着眼球，就要提防他打什么新主意或坏主意；如果是频繁而急促地眨眼，也许是表示羞愧、内疚，但也可能表明他在撒谎……

配合着眉毛的变化，眉目传情意义更广泛。欢乐时眉开眼笑，眉飞色舞；忧愁时双眉紧锁；愤怒时横眉怒目；顺从时低眉顺眼；戏谑时挤眉弄眼；畅快时扬眉吐气等。

演讲目光语最主要的是强调眼神的运用。一般来说，不同的眼神表达着不同的情感。目光明澈表示胸怀坦荡，目光狡黠表示心术不正，目光炯炯表示精神焕发，目光如豆表示心胸狭窄，目光执着表示志向高远，目光浮动表示轻薄浅陋，目光睿智表示聪明机敏，目光呆滞表示心事重重，目光坚毅表示自强自信，目光衰颓表示自暴自弃。除此之外，故弄玄虚的眼神乃是高傲自大的反映，神秘莫测的眼神则是老奸巨猾的反映，似宝剑出鞘咄咄逼人的目光是正派敏锐的写照，如蛇蝎蛰伏灰冷阴暗的目光是邪恶刁钻的写照。坦诚者目光像一泓清泉，悠然见底；英武者目光如电掣雷奔，波澜壮阔；典雅者目光似云雾初开，林鸟相逐；俊秀者目光如玉，珠胎含月；妖媚者目光似春花始香，夏梅初笑；豪放者目光如风云波浪，海天苍茫……

眼神的表达丰富多彩。有诗人描述说："眼睛是心灵的窗户，不会隐藏更不会说谎。"得体地运用目光语会令你的演讲增添光彩。

眼睛是"心灵的窗户"，眼神的奇妙变化倾诉着一个人微妙的心曲，它是会"说话"的。 在演讲中，让眼睛说话，就需要注意以下几点：

1.以明亮有神、热情友善、充满智慧的眼神，向听众表明你的坦诚、灵活、自信和修养，获得良好的第一印象。

2.用眼神的变化表达自己内在的丰富感情。 比如，讲到兴奋的时候，睁大眼睛，让它散发出兴奋的光芒；讲到哀伤处，眼皮下垂，或让眼睛呆滞一会儿，以渲染哀伤的情绪；讲到愤怒时，瞪大眼睛，怒视前方，让其充满着逼人的神色……总之，什么样的思想感情，就应当配以什么样的眼神。

3.三种视线交替使用。 三种视线分别是指环顾的视线、专注的视线、模糊的视线。 环顾的视线，可以照顾全场，关心每一位听众，增强听众的"参与感"，表明演讲者是同所有听众交谈；专注的视线，就如同进行"典型调查"，把准听众的心理，启发引导听众，赞扬、鼓励听众，制止个别听众的骚动，调整、控制全场；模糊不清的视线，可以向听众传递演讲者在认真思考，加强话语的价值，也可以借此稳定自己激动的情绪，向听众表明自己有较好的经验与修养。

让体姿展示你的
良好形象

通过人的身体姿态传递信息，在当今社会，不仅是"修身养性"的基本要求，还是用来展示仪表、传递信息的重要体态语言。

在演讲中，雅俗的表现与显露，姿势是一个重要的衡量标志。姿势在礼节上是一种文明修养的表现，也是一个人良好素质的反映。优美的姿势联系着一个人的心灵，可以说是心灵舞姿的外化。形体动作的语意是非常丰富的，它不仅可以传情达意，更可透露一个人的心声。不同的姿势可以反映一个人特定条件下的心情，通过姿势可以传递其心灵的俗与雅。

体姿对一个人整体型象的塑造有着很重要的作用。人的体姿与人的相貌有同等的重要性，共同显示出一个人的气质和风度。如果"站无站相""坐无坐相"，即使相貌再漂亮也会大打折扣。外表相貌是天生的，而体姿可以通过后天的训练向理想姿态转变。

具体地说，对各种姿势有以下要求：

1. 端正的立姿

在各种场合，都要力求做到"站如松"，即站得端正、挺拔、优美、典雅。这是立姿的最基本要求。

站立时，应头正颈直，双眼平视，嘴唇微闭，下颌微收，挺胸直腰，上体自然挺拔，双肩保持水平，两臂自然下垂，手指并拢自然微屈，双手中指压裤缝，腿膝伸直，脚跟并拢，两脚尖张开成夹角45度，身体重心落在两脚之间。男女的立姿略有不同。男子站立时身体重心放在两脚中间，不要偏左或偏右；双脚与肩同宽而立；手可自然下垂，向体前交叉或背后交叉也可以。女子站立时身体重心在两足中间脚弓前端位置，双脚呈倒"八"字站立；手自然下垂或向前向后交叉放置。

站立后，竖看要有直立感，即以鼻子为中线的人体应大体成直线；横看要有开阔感，即肢体及身段应给人以舒展的感觉；侧看要有垂直感，即从耳与颈相接处至脚的踝骨前侧亦应大体成直线，给人一种挺、直、高的美感。男女的立姿亦应形成不同侧重的形象，男子应站得刚毅洒脱，挺拔向上，舒展俊美，精力充沛；女子应站得庄重大方，亲切有礼，秀雅优美，亭亭玉立。

2. 优雅的走姿

在各种场合，都要力求做到"行如风"，即行得正确、优雅、轻盈，有节奏感。这是走姿的最基本要求。

行走时，应昂首挺胸，收腹直腰，两眼平视，肩平不摇，双臂自然前后摆动，脚尖微向外或向正前方伸出，行走时脚跟成一条直线。 起步时身体微向前倾，身体重量落于前脚掌，行走中身体的重心要随着移动的脚步不断向前过渡，不要让重心停留在后脚，并注意在前脚着地和后脚离地时伸直膝部；迈出每一步都应从胸膛开始向前移动，而不是腿独自伸向前。男女的走姿及步态风格亦有所区别。 男子的步履应雄健、有力、潇洒、豪迈，步伐稍大，展示出刚健、英武的阳刚之美；女子的步履应轻捷、蕴蓄、娴雅、飘逸，步伐略小，展示出温柔、娇巧的阴柔之美。 还应看到，现代女性穿高跟鞋，主要目的不仅在于增加身高，还在于能收腹挺胸，显示自身走路的动人的身姿和曲线美；而步态高度艺术化的时装模特儿，与其说是展示千姿百态的时装，不如说是在显露高雅美妙的走姿。

人的形体在运动中构成种种姿势，良好的姿势形成优美的仪态。 英国哲学家培根认为，相貌的美高于色泽的美，而秀雅合适的动作的美，又高于相貌的美，这是美的精华。 秀雅合适的姿势在社会交际中有十分重要的作用。 因此，我们应当注意体姿的培养。

精心准备演讲稿，
赋予演讲辞穿透钢板的力量

演讲题目
是灵魂

演讲的题目是演讲开头的"开头"。演讲的题目要立意精当而深刻，文字新颖而优美。演讲前无论自己说出的题目还是主持人介绍的题目均要让听众"一听便知，过目不忘"。这就要求题目的确定做到简洁、新奇、意远。题目太长了，听了、记了后面忘了前面；太旧了给人一种"似曾相识"之感，提不起精神。还要注意的是除了一些政治性类型的演讲与一些篇幅太长的演讲外，最好不要在演讲中出现小标题。

可以从以下几个方面设计题目：

1. 题目要具体生动，不要太长

像"未来的思考""伟大的历史，光明的未来""缔造现实、开拓未来""奋起吧，人们！"显得太空荡，演讲时只能东拉西扯，随意漫游。

2. 充分运用修辞手法

运用修辞能打破常规，体现新意。

比喻法：《祖国——母亲》

设问法：《良心何在》

反问法：《服务于民，你能做到吗》

呼吁法：《救救地球》

引用法：《挥一挥衣袖，不带走一片云彩》

对比法：《生与死》《冰与火》

婉曲法：《进攻"3800"高地》

3. 着眼"只言片语"，要求题目简洁

从字面上来说当然是以最少的字数表达最深广的内容。只言片语的题目又简单，又醒目，又好记。如《路》《选择》《责任》。

4. 感情浓缩其中

在演讲开头报上一个感情浓烈的题目是能引起"轰动效应"的。如果在题目之前插上几句简短的引语，运用朗诵技巧处理，效果更好。如：

"'慈母手中线，游子身上衣。'每当读到这句诗，我这个远方的游子总会油然而生一种对母亲的牵挂之情。我不能回到母亲的身边，只能诉感情于言语，寄托对母亲的深深祝福。这里，我给大家演讲的题目是《妈妈，您听我说》。"

这种类型的题目比如：《祖国，请相信您女儿吧》《为了我们的父亲》《生命如一泓清泉》《光阴的故事》《无意剽窃》《纪念恺撒》《我有一个梦想》。

演讲稿的
选词要妙语生花

演讲最忌空泛。有些演讲者总想在演讲中多用点"优美词语"，于是堆砌辞藻，咬文嚼字，趋于雕琢。而这正是演讲所忌讳的，演讲的选词要做到：

1. 准确。演讲中词语要用对用准，否则"一字之失，一句为之蹉跎"

它要求演讲者在选词时掌握词语的含义，辨别词义之间的细微差别，把握好词的感情色彩和语体色彩。

2. 洁净。单个的词语无所谓洁净之言

这里所说的是指具体的演讲中要字不虚设，词不虚发。这要求演讲者在演讲时明确词的含义，不用重复词，不用无义词。

3. 规范。演讲中要尽量避免深奥冷僻的词语

力避佶屈聱牙，晦涩难懂。

4. 和谐。 演讲语言要朗朗上口，生动悦耳

选用双声叠韵词、叠音词，注意押韵合辙，平仄相间，以增添演讲的音乐美、节奏感。

我们来仔细欣赏下面一段演讲辞。 这是南非前总统曼德拉在狱中度过 27 年后，获释时发表的演讲。

　　我以和平、民主和全人类自由的名义，向你们大家致敬。我不是作为一名预言家，而是作为你们的谦卑的公仆，作为人民的公仆，站在这里。你们经过不懈的奋斗和英勇牺牲，使我有可能在今天站在这里，因此，我要把余生献给你们。

　　在我获得释放的今天，我要向千百万同胞，向全球各地为我的获释做出过不懈斗争的同胞，致以亲切的和最热烈的感谢。……

　　我还要向"黑肩带"妇女协会以及南非全国学生联合会致敬。我们骄傲地看到你们的言行代表了南非白人的良知。即便在我们斗争史上最黑暗的岁月里，你们也高举着民主自由的大旗。……

　　我向年轻的英雄主义者们致敬，你们是年轻的雄狮。你们——年轻的雄狮们，给我们整个斗争中注入了活力。

　　我向我们国家里的母亲们、妻子们、姐妹们致敬。你们是我们进行斗争的坚强基石。种族隔离烙在你们身心上的伤痕比任何人的都多。

　　在这个时刻，我们感谢国际社会在反对种族隔离的斗争中所做出的伟大贡献。没有你们的支持，我们的斗

争不会到达这个新阶段。那些走在斗争前列的国家所付出的牺牲将会被南非人民永远铭记。

如果不向我深爱的妻子和家人表示深深的感激，那么我的致敬是不完整的。在我漫长而孤独的铁窗生涯中，他们给了我力量。我相信你们经受的痛苦和苦难远远超过了我自己。

……今天，无论是黑人还是白人，大多数南非人都已认识到种族隔离制度已经走到尽头。我们必须果敢地采取我们自己的群众运动来确保国家的和平与安全。

曼德拉感谢了所有要感谢的人，也宽恕了他的敌人。他的演讲饱含热情，激荡人心，使在场的人热血沸腾，呐喊声响彻云天。

炼句
让演讲富有感召力

演讲是一个动态过程，演讲所形成的特殊情境给其中每一句话都赋予特定的意义，这要求演讲者在炼句时首先要从演讲整体出发，从演讲情境考虑，做到精短、严整、自然、亲切。先看下面一段演讲辞：

十二年来，我饱尝了作为一名教师的酸甜苦辣与喜怒哀乐；十二年来，我更深层次、更立体地把握了教师的精神内涵。教师是辛苦的，为了学生夜以继日、整日操劳；教师是清贫的，为了学生含辛茹苦、不计酬劳；教师是磊落的，为了事业两袖清风、虚心清高；教师是伟大的，为了祖国孜孜以求、不屈不挠。

这段话句式完整，匀称贯通，自然优美。

一般说来，除学术演讲、政论演讲较多地运用长句、散句外，演讲的语句以短句、整句为美。短句和整句各有特色。

短句指字数少、形体短、结构简单的句式，演讲中运用短句可以明快、活泼、有力地表达感情，简洁、干净、利落地叙述事理。

整句是相对于散句而言的。它紧凑有力，严密集中，匀称流畅。演讲在适当运用散句的基础上要多运用整句。整句包括排比、对偶、对比、顶真、回环等。

演讲中常常把相同或相似的语言单位排列在一起使用，给人以整齐一律、气势贯通、怡情悦目的美感。要达到这个目的，可以运用修辞手法中的排比、对比、对偶、回环、顶真等。

比如道格拉斯的一段演讲：

为了你们，也为了我们，我真希望这几个问题能有肯定的回答！要是我的任务不致如此繁重，我的担子不致如此压人该多好啊！然而，有谁会这样冷若冰霜，以至民族的同情心也难温暖他的心？有谁会这样顽固不化，对于感恩的要求毫无反应，虽然不愿满怀感激地承认独立给我们带来的无价恩惠？有谁会这样麻木不仁，这样势利，在四肢解除奴隶制的枷锁之后，仍不愿为国庆节日献上颂歌？

以上这段演讲运用排比，语气强烈，感情充沛。

对比在演讲中也常见：

原来的货币所有者，现今变成了资本家，他昂首走在前；劳动力所有者，就变成他的劳动者，跟在他的后头。一个笑眯眯，雄赳赳，专心于事业；另一个却是畏缩不前，好像是把自己的皮运到市场去，没有什么期待，只等待着被刮似的。

这段演讲辞运用对比刻画出资产家与底层人们的不同状态。

此外，运用回环和顶真均可收到语气流畅，结构严谨，互相映照，循环往复的妙用。

回环例："科学需要我们，我们更需要科学。"

顶真例："希望是附丽于存在的，有存在便有希望，有希望便有光明。"

不同的炼句形式，交替使用，可以增加演讲辞的感召力，打动听众的心。

◆ 赋予演讲辞穿透钢板的力量 ◆

我梦想着，有那么一天，充斥着不平等和压迫的密西西比，也能变成自由与和平的绿洲。

马丁·路德·金《我有一个梦想》

演讲辞要充满情感和力量

马丁·路德·金道出了千百万黑人的肺腑之言，使在场的听众发出激动的呐喊、喝彩，并失声痛哭。

我梦想着，有那么一天……
我梦想着，有那么一天……
我梦想着，有那么一天……
我梦想着，有那么一天……

马丁·路德·金《我有一个梦想》

演讲辞要善于使用修辞

把炙热的情感通过修辞方式，如设喻、排比、设问等表达出来，能充分调动听众的情绪。

演讲稿中
要善用修辞

设喻

在演讲中，比喻技巧的运用是很广泛的。这是因为比喻能准确地讲解知识，形象地表达感情。在演讲稿《争气篇》中有这么一段话：

> ……洗去靡靡之音，摔掉酒瓶子，让我们与书这个"哥们儿"交上朋友吧！它不需要拔刀相助的江湖义气，只需天长地久地交往。让我们与知识这位热情的姑娘"恋爱"吧！它不需公寓和汽车，只需孜孜不倦地热烈追求。

这里演讲者委婉妙喻，引人深思。

演讲语言与书面表达不同，它转瞬即逝，应通俗化、口语化。除了学术演讲外，那种从概念到概念，从理论到理论，弯来拐去，玄而又玄的表达是不受欢迎的。因此比喻在演讲中发挥的作用就大了。

下面是美国黑人领袖马丁·路德·金《在华盛顿示威游行集会上的演说》中的一段：

> 100年前，一位伟大的美国人在《解放宣言》上签了字。今天，我们站在这个伟大的肖像下，这条巨大的法令就如一座巨大的灯塔，给成千上万的在不公平的毁灭性的火焰中烧焦了的黑奴带来了希望；这条巨大的法令犹如欢乐的黎明将结束那被监禁的漫长黑夜。

为了使比喻发挥更大的作用，演讲者可以临场设喻：就演讲的地点、场景、事物设喻，这样更具说服力。

排比

排比是由三个或三个以上的、结构相同或相似的、语气一致的、成串地表达相关或相连的内容的一种句式。无论在叙事演讲、政论演讲、还是抒情演讲中都被广泛运用。运用排比能使言语规整，语气协调，感情贯通，表达流畅。演讲的开头有排比，演讲的中间、结尾也有排比。演讲中，真是无处不排比。表达排比时一般采取开头慢、后面快的方法进行。下面我们看一则演讲辞：

> 沿途中，壮观的瀑布，会刷净你的头脑；平静的湖水，会使你冷静思考；雄伟的山峰，会唤起你的激情；

名胜古迹，会引发你无限的遐想。

四层排比，热情奔放；层层推进，立意高远，振奋人心。美好景致如 3D 实景一一展现，对大好河山的赞美之情呼之欲出。

演讲中运用排比，能深化主题，增强说服力。如佩特瑞克·亨利的演讲稿《诉诸武力》：

　　我们的申请却遭到轻蔑；我们的抗辩招来了更多的暴行和侮辱；我们的祈求根本没有得到大家的理睬；我们所遭到的是被人百般奚落后，一脚踢到阶下。

运用排比句，可以全方位地表达各种感情，如喜悦、痛苦、亲切、庄重，都可融入其中。如下面两段：

　　一杯茶，细细品尝；一支烟，神游古今；一条信息，看它半天。

　　教师，是蜡烛，燃烧自己，照亮别人；是绿叶，默默生存，点缀生活；是渡船，迎着风浪，接送学子！

最后我们看看道格拉斯在 1854 年 7 月 4 日美国国庆大会上《谴责奴隶制的演说》的精彩结尾：

　　7 月 4 日，对美国的奴隶意味着什么，让我来回答吧。对于长期受压迫和受凌辱的奴隶，7 月 4 日是一年中最屈辱和最残酷的一天。对于他们来说，你们今天的庆祝活动仅是一场骗局，你们吹嘘的自由只是一种亵渎的放肆，你们标志的民族伟大充满着一种骄傲的自负，你们的喧闹声空虚而没有心肝，你们对暴君专制的谴责无异于厚颜无耻的言辞，你们所唱的"自由平等"的高调更是虚伪至极，是对这些口号的本身的嘲弄。你们的祈祷与圣歌，你们的布道与感恩，连同一切宗教的游行与典礼，仅仅是对上帝的装腔作势的信奉，是欺骗，是诡计，是亵渎和伪善——是给罪恶的勾当蒙上一层薄薄的面纱。

这里，犀利的言辞和愤怒的感情被如林的排比连成一片。排山倒海，轰轰烈烈，从而使谴责奴隶制的主题思想更加突出，论点更加鲜明，感情上对听众的震动也更巨大。

设问

演讲中在适当的情境下进行提问可以缩短与听众的距离，满足听众的好奇心，创造宽松的气氛，使演讲者处于主导地位。请看下段演讲：

同胞们！敌人在践踏我们的领土，敌人在屠杀我们的乡亲，敌人在掠夺我们的财产，敌人在烧毁我们的房屋，敌人在蹂躏我们的姐妹，难道我们能容忍他们如此兽性大发，胡作非为吗？难道我们能让他们横行霸道，为非作歹吗？不能，绝对不能！怎么办，大家说怎么办？

强烈的情感鼓动点燃了听众对敌斗争的熊熊火焰，他们义愤填膺，异口同声："与他们拼了！"这样，听众与演讲者心相连，语相通，一致说："我们听你的。"

提问要适时而发。 在听众有一种强烈的探讨欲、表现欲时可进行提问。 比如演讲中讲到"金钱"问题时，这个问题一般人对它很敏感。 可以这样问："有人大声呼喊，'世上只有金钱好，没有金钱不得了'，在座的诸位，您说对吗？"

提问是最易使演讲掀起高潮与最易走向低谷的手段，一定要把握分寸。

要问得简洁。 提问次数不能太多，每次提问要简短，问题的答案要让听众在很短的时间内能答出来，甚至在潜意识驱使下就能作答。 切忌内容晦涩难懂，用词佶屈聱牙。 如下面这个问题就提得不太好："朋友们，有人说生活是美，有人说观念是美，你说呢？"

要问得真诚。 除了在不得已的情况下，比如想通过提问来平息喧闹时，一般不要问得离奇、问得庸俗、问得莫名其妙，要示之以诚，发自真心。

提问要能放能收。 要放得开去，收得拢来，一发不可收拾只可使演讲走向失败。 要始终围绕主旨发问，使听众的回答处在你的把控里。 适当的时候可运用"对啊""是啊""正像刚才那位朋友所说的一样"等词句。 如果问题提出来后听众没有反应，自己要巧妙地接引下去。

史料引用
要旁征博引

美国宇航员埃德温·奥尔德林上校于 1969 年 7 月 20 日登上月球。返回地球时他在美国国会上发表了一次讲话：

> 科学考察意味着对未知世界的探索，人们根本无法预知全部结果。查尔斯·林白说过："科研成果不是最终目的，而是一条通向奥秘而又消失在奥秘中的道路。"

查尔斯·林白是美国宇航专家，此处埃德温引用他的话以证明自己的观点，加强了表达的力度。

演讲中，可以适当地引用名人的言论、公认的史料、数据以及广泛流行的成语、谚语等，更好地点明主题、佐证观点，使文义含蓄富有启发性。成功的演讲都能巧妙地或明引，或暗引，或仿引古今中外、东西南北，使听众心领神会。

演讲家李燕杰演讲时善于旁征博引，说古道今。听他的演讲可以驰骋九万里，纵横五千年。他有一次以《心上绽开春花，芳草绿遍天涯》为题进行演讲，整个演讲只有十来分钟，可引用的哲言、警句、诗文达二十多处。

下面请欣赏下俞敏洪演讲的《幸福和痛苦的领悟》：

有一次我在黄河边上，用瓶子灌了一瓶河水。泥沙混杂的水，被倒水瓶里以后，依然十分浑浊。透过瓶子看到的只是浑浊昏黄的世界。在瓶子背后，看不到天，看不到地。面对这样的水，我感到了痛苦和绝望。感到了黄河河床不断升高带来的灾难，感到了人们在这种灾难中的呼喊。我把水瓶放在地上，痛苦地坐在岸边，看着黄河发呆。

一段时间后，我把眼神从远处收回来，猛然发现身边瓶子里的水开始变清了。浑浊的泥沙开始沉淀，瓶子上部的水变得越来越清澈。我看着这种变化，直到泥沙全部沉淀，只占到整个瓶子的五分之一，而其余的五分之四都变成了清澈的河水。我慢慢把瓶子举起来，透过瓶子看到了天，看到了地，看到了生命中幸福与痛苦的界限。

原来，我们的幸福和痛苦也像黄河水一样。在匆忙和浮躁中，我们拼命地摇晃自己的生活，直到生活变得一片浑浊，所有的幸福都掺上了痛苦的成分。假如清水是幸福，泥沙是痛苦，那我们一生幸福的总量应该大于痛苦。我们时时感到痛苦，不是因为痛苦多于幸福，而是因为我们用了不恰当的方式，让痛苦像脱缰的野马，随意奔跑在我们生活的每一个角落。因为痛苦的渗透，我们本来应该清澈如水的生活，变得像黄河水一样，有了太多的杂质。如果我们能够静下心来，让痛苦沉淀在我们的心底，不管它会不会消失，都只让它占据我们心里的一小片空间，其余的大部分空间就会被幸福充满。自出生开始，每一个人一辈子要经历的幸福和痛苦的总量应该是差不多相同的。之所以有的人痛苦多些，有的人幸福多些，原因不是人们对待幸福的态度不同，而是人们对待痛苦的态度不同。想到这里，我把水瓶晃动了一下，已经变得非常清澈的水在一瞬间就又变得混浊不堪了。

　　我再次把目光投向黄河，发现它是那么的壮阔和美丽。滔滔的河水翻着浊浪，从地平线那头流过来，从我脚下流过，又消失在地平线的另一头，使人无法不感受到我们这个星球所蕴涵的勃勃生机。我突然意识到，如果能把人的生命不断放大，放大到像黄河一样壮阔，从远古和天边走来，向未来和大海流去，那我们的生命就不用再斤斤计较于幸福和痛苦的混合，而变成了一曲永远唱不完的黄河交响曲！

把生命与壮阔的黄河做对比，把人生比喻成黄河交响曲，充满哲理与警句，意味深远，催人奋进。

幽默
是光彩夺目的火花

演讲中的幽默并不是去追求一种赢得听众一时哄笑的直观效果。那种哗众取宠、无聊打诨的低级取笑是演讲的大忌。演讲中的幽默应是演讲者或演讲中主人公高尚情操和完美人格的外化，是思想、学识、智慧和灵感在语言运用中的结晶，是一瞬间闪现的光彩夺目的火花。听众听来陶冶情操，健全人格。

演讲中运用幽默主要是批评丑恶，使人思索，令人回味。幽默含蓄委婉、生动形象、轻松活泼，给人一种温和、友善之感。正如哲学家莱卡尔说的："幽默不是轻蔑，而是爱。"

演讲中的幽默产生于喜剧性的冲突，惬意性的误会，有趣性的错误。运用技法主要是讲笑话、讲故事；运用比喻、借代、双关、倒置、夸张、类比等；运用动作、表情、姿态配合。

以下是美国杂志《大西洋月刊》创始人霍姆斯七十寿辰时，马克·吐温为他祝寿时的致词《无意剽窃》。

主席先生，各位女士、先生：

为了亲临为霍姆斯博士祝寿，再远的路程我也要前来。因为我一直对他怀有特别亲切的感情。你们所有的人都会有这样的体验，一个人一生中初次接到一位大人物的信时，总是把这当成一件大事。不管你后来接到多少名人的来信，都不会使这第一封失色，也不会使你淡忘当时那种又惊又喜又感激的心情。流逝的时光也不会湮灭它在你心底的价值。

第一次给我写信的伟大人物正是我们的贵客——奥列弗·温德尔·霍姆斯。这也是第一位被我从他那里偷得了一点东西的大文学家。（笑声）这正是我给他写信以及他给我回信的原因。我的第一本书出版不久，一位朋友对我说："你的卷首献词写得漂亮简洁。"我说："是的，我认为是这样。"我的朋友说："我一直很欣赏这篇献词，甚至在你的《傻子国外旅行记》出版前，我就很欣赏这篇献词了。"我当然感到吃惊，便问："你这话什么意思？你以前在什么地方看到这篇献词？""嗯，几年前我读霍姆斯博士《多调之歌》一书的献词时就看过了。"当然啦，我一听之下，第一个念头就是要了这小子的命（笑声）。但是想了一想之后，我说可以先饶他一两分钟，给他个机会，看看他能不能拿出证据证实他的话。我们走进一间书店，他果真证实了他的话。我确确实实偷了那篇献词，几乎一字未改。我当时简直想象不出怎么会发生这种怪事；因为我知道一点，无庸置疑的一点，那就是，一个人若有一茶匙头脑，便会有一份傲气。这份傲气保护着他，使他不致有意剽窃别人的思想。那就是一茶匙头脑对一个人的作用——可有些崇拜我的人常常说我的头脑几乎有一只篮子那么大，不过他们不肯说这只篮子的尺寸罢了（笑声）。

后来我到底把这事想清楚了，揭开了这谜。在那以前的两年，我有两三个星期在桑威奇岛休养。这期间，我反复阅读了霍姆斯博士的诗集，直到这些诗句填满我的脑子，快要溢了出来。那献词浮在最上面，信手就可拈来（笑声），于是不知不觉地，我就把它偷来了。说不定我还偷了那集子的其余内容呢，因为不少人对我说，我那本书在有些方面颇有点诗意。当然啦，我给霍姆斯博士写了封信，告诉他我并非有意偷窃。他给我回了信，十分体谅地对我说，那没有关系，不碍事。他还相信我们所有的人都会不知不觉地运用读到的或听来的思想，还以为这些思想是自己的创见呢。他说出了一个真理，而且说得那么令人愉快，帮我顺顺当当地下了台阶，使我甚至庆幸自己亏得犯了这剽窃罪，因而得到了这封信。后来我拜访他，告诉他以后如果看到我有什么可供他作诗的思想原料，他尽管随意取用好了。（笑声）那样他可以看到我是一点也不小气的；于是我们从一开始就很合得来。

从那以后，我多次见过霍姆斯博士；最近，他说——噢，我离题太远了。我本该向你们，我的同行、广大公众和教师们说出我对霍姆斯的祝词。我应该说，我非常高兴地看到霍姆斯博士的风采依然不减当年。一个人之

所以年迈，非因年岁而是由于身心的衰弱。我希望许多许多年之后，人们还不能真正地说："他已经老了。"（鼓掌）

得体的幽默轻松活泼，快乐滑稽，诙谐优美，赢得了听众的赞同。

幽默在演讲中要适度、适事、适时，不能太滥，不能太乱，否则让人感到俗气、不庄严。尤其是一些政治性演讲、学术性演讲、凭吊性演讲更要小心。

巧用数据，
使说服更有力

在古今中外的诸多演讲中，一个个、一串串、一组组的数字在其中发挥着奇妙的作用。不仅是数字清晰、明了，而且是数据说服力强，表达准确，同时，数字很少受时空、形式、趋向等外界因素的限制，可以纵比也可以横比。数字宛如一颗颗晶莹透明的星座，散发着奇异的光彩，点缀着一篇篇演讲佳作。

当年美国政府决定修建尼亚加拉大瀑布水利工程时，赞成者与反对者争论激烈。有位赞成者运用数字演讲：

我们听说在国内有几百万民众是胼手胝足地过着日子，而且憔悴、显得营养不足。他们缺乏面粉来充饥，可是尼亚加拉瀑布，每小时都要无形中消耗掉与 25 万块面包价值相等的瀑布能力。我们可以想象到：每小时有 60 万只鸡蛋，越过悬崖，变成一块巨大的鸡蛋饼，跌到湍急的瀑布中，如果从织布机上织下来的白布能够有 400

尺宽，它的价值也等于尼亚加拉瀑布所消耗的能量价值一样。……这是多么惊人的巨大消耗啊！对于这个无形的消耗，有人主张拿出一笔款子来利用这一个巨大的水能，想不到也有人来加以反对呢。

演讲者运用数字，浅显易懂，反驳有力。听者无不为之动容。

演讲中数字运用要准确、精当。不能含混、模糊，忌用"大致""大约""可能""好像是"等引导词。使用的数字宜用整数，不用过长的小数。并且尽量对数字进行形象性的解释。如下面演讲辞：

在兽性狂发的一个多月中，日本侵略军在南京屠杀了 30 万中国人！30 万个人排起来，可以从杭州连到南京！

有时数字的小数点可让听众增加信任感。"今年年度营运指数上升率为 5.317％。"

演讲中数字的运用要简洁、精巧，不要太滥太泛。如果太多会让演讲流于枯燥。

PART

03

研究听众，
用策略牵着听众的情绪走

分析
听众的心理

　　所谓分析听众的心理，是一个演讲者最基本的工作。我们分析听众的心理，并不是为了迎合观众，而是为了了解听众，贴近听众，是为了保持演讲的真实性、独立性，以及演讲的公正性。

　　之所以这么说，是因为观众来听演讲者演讲首要的目的是为了从演讲中得到心灵的安慰。这也就是我们说的"好的演讲能给予人们心灵的共鸣"。

　　演讲者通过语言来安抚听众的情绪。所以，作为一个演讲者，通过分析演讲者的心理之后，在准备材料时多寻找些能够符合听众的煽动感情、安抚心情的材料。

　　想要诱导人们听取演讲，先得与听众共情，在心理上和情感上挂钩，使之从你的演讲中产生共鸣。

　　以下是俞敏洪《生命是一种勇气和姿态》的演讲：

　　　　永远不需要跟别人相比，你永远是你自己，你是独特的存在，你是不同的，你是完全独立的个体。这个世界上，能掌管命运的，就是你自己。没有任何人能把你从泥泞中拉起来，只有你自己可以从泥泞中爬起来，没有任何人可以阻止你前进的脚步，只要你愿意往前走。你被自己的理想和梦想指引着走向未来。在这个世界上你不是追随者，尽管这个世界上90%的人以追随结束。请记住，你是来引领这个世界的。你是种子，就必须要长成大树；你是莲子，就必然开成莲花。所以我说，哪怕你被踩到泥土中，你只要是树的种子，早晚会长出来。哪怕掉到淤泥中，只要你是莲子，就能长出美丽清秀的莲花，并且向蓝天开放。你的生命最重要的目的就是让自我开花，让自己成长。

分析听众的心理的另一个重要的作用，在于诱导听众听演讲的时候，可以通过选择听众喜欢的材料来引起他们的兴趣。

但是有的演讲者，或许他脑子里有许多精妙的题材，有优秀的演讲稿，他设计了生动形象的现场表现方案。然而他每次讲起话来却是死板而缺乏生气，就像是背稿一样，这样的演讲稿首先不能感动演讲者自己，又怎么能感染听众呢。

这种现象出现的原因就在于演讲者不够了解听众的喜好，不能用脑中的题材，结合听众的需求表达出来。他缺乏一种精神活力，这样他的演讲无法感动自己，更无法感动听众。

所以，华丽的辞藻仅能耀人眼目，却不能感动人心。对于演讲者而言，需要把自己的活力爆发出来，将自己的情感投入到演讲当中去，以热忱和真诚感动听众，这样你的演讲才有力量。

声东击西，
牵住听众的好奇心

听众的注意力是有限的，无论演讲者怎样努力，总会遇到听众注意力不集中的情况。在这种情况下，演讲者就需要想一些办法把听众的注意力吸引回来，否则就会导致演讲的失败、会场秩序的混乱。

所谓声东击西，兵法原文是这样写的："凡战，所谓声者，张虚声也。声东击西，声彼而击此，使敌人不知其所备。则我所攻者，乃敌人所不守也。"它的意思是：凡是作战，所谓声，就是虚张声势。在东边造声势而袭击的目标是西面，声在彼处而袭击此处，让敌人不知道如何来防备。这样我所攻击的地方，正是敌人没有防备的地方。

我没有踌躇过一刹那，去放弃那遵循格律的戏剧。地点的一致对我犹同牢狱般地可怕，情节的统一和时间的一致是我们想象力的沉重桎梏。我跳进了自由的空气里，这才感到自己（生长了）手和脚。现在，当我认识到那些讲究规格的先生们从他们的巢穴里给我硬加上了多少障碍时，以及看到有多少自由的心灵还被围困在里面时，如果我再不向他们宣战，再不每天寻找机会以击碎他们的堡垒的话，那么我的心就会愤怒得碎裂。

法国人用作典范的希腊戏剧，按其内在的性质和外表的状况来说，就是这样的：让一个法国侯爵效仿那位亚尔西巴德却比高乃依追随索福克勒斯要容易得多。

开始是一段敬神的插曲，然后悲剧庄严隆重地以完美的单纯朴素（风格），向人民大众展示出先辈们的各个惊魂动魄的故事情节，在各个心灵里激动起完整的、伟大的情操；因为悲剧本身就是完整的、伟大的。

在什么样的心灵里啊！

希腊的！我不能说明这意味着什么；但我感觉出这点，为简明起见，我在这里根据的是荷马、索福克勒斯及忒俄克里托斯；他们教会我去感觉。

同时，我还要连忙接着说：小小的法国人，你要拿希腊的盔甲来做什么？

它对你来说是太大了，而且太重了。

因此所有的法国悲剧本身就变成了一些模仿的滑稽诗篇。不过那些先生们已从经验里知道，这些悲剧如同鞋子一样，只是大同小异，它们中间也有一些乏味的东西，特别是经常都在第四幕里，同时他们也知道这些又是如何按照格律米进行的。这方面我就无须多花笔墨了。

我不知道是谁首先想出把这类政治历史大事题材搬上舞台的。对这方面有兴趣的人，可以借此机会写一篇论文，加以评论。这发明权的荣誉是否属于莎士比亚，我表示怀疑；总而言之，他把这类题材提高到至今似乎还是最高的程度，眼睛向上看（的人）是很少的，因此也很难设想，会有一个人能比他看得更远，或者甚至能比他攀登得更高。

莎士比亚，我的朋友啊！如果你还活在我们当中的话，那我只会和你生活在一起；我是多么想扮演配角匹拉德斯，假如你是俄来斯特的话！而不愿在德尔福斯庙宇里做一个受人尊敬的司祭长。

这是歌德为了纪念莎士比亚所做的一篇演讲，但是他并没有直接说明莎士比亚的作品有多么的优秀，而是在说明另一些作品的特点，最后通过这样的比较来达到了赞美莎士比亚的目的。

声东击西，是忽东忽西，即打即离，这是一种演讲方式。如果我们发现听众对于演讲的内容出现了疲劳和厌倦，采用正攻的方法是无法取得预期效果的。而采取佯攻，突然说些表面上和演讲没有太大关系的内容，反而能够引起听众的好奇心。

因此，在同听众的接触中，不要太急于暴露自己的意图，尽量将对方的注意力转移到他所感兴趣的地方，使对方逐渐对你产生信任感，从而建立起良好的关系，此时演讲才能取得良好的效果。

◆ 用策略牵着听众的情绪走 ◆

比尔盖茨在哈佛毕业典礼上

校报称我是哈佛大学历史上最成功的"辍学生"……我是个有着恶劣影响的人。

投石问路试探听众反应

比尔盖茨调侃自己用了29年才大学毕业，带了"坏头"。

西方传说猫有九条命，怎么都不会死。但最后却死于好奇心。说明好奇心不能太重。

设置兴奋点，吸引听众的注意力

用示例调动听众情绪，使听众始终感到兴奋。

投石问路，
掌控现场气氛

当演讲者不确定某个论点是否能吸引观众时就可采用这种方式。

有时，为了了解对方心中的秘密，又不便直问，可以用"投石问路"的曲问法进行试探。 对于一些敏感的人来说，问者便显得谨慎。 投石问路之法也被广泛运用于审讯之中。

尊敬的 Bok 校长、Rudenstine 前校长、即将上任的 Faust 校长、哈佛集团的各位成员、监管理事会的各位理事、各位老师、各位家长、各位同学：

有一句话我等了三十年，现在终于可以说了："老爸，我总是跟你说，我会回来拿到我的学位的！"

我要感谢哈佛大学在这个时候给我这个荣誉。明年，我就要换工作了……我终于可以在简历上写我有一个本科学位，这真是不错啊。

我为今天在座的各位同学感到高兴，你们拿到学位可比我简单多了。哈佛的校报称我是"哈佛大学历史上最成功的辍学生",我想这大概使我有资格代表我这一类学生发言……在所有的失败者里,我做得最好。

但是,我还要提醒大家,我使得斯特夫·鲍尔莫(Steve Ballmer)也从哈佛商学院退学了。因此,我是个有着恶劣影响力的人,这就是为什么我被邀请来在你们的毕业典礼上演讲。如果我在你们入学欢迎仪式上演讲,那么能够坚持到今天在这里毕业的人也许会少得多吧。

这是比尔·盖茨在哈佛大学 2001 年毕业典礼上所做的演讲的开篇,我们都知道比尔·盖茨,1973 年进入哈佛大学,大三时辍学,与同窗保罗·艾伦一起创办了微软公司,成为世界巨富。但是这都不能改变他没有大学毕业的事实,他采取这种方式开始演讲,一方面可以缓解气氛,同时可以试探听众对他的态度,可谓一举两得。

欲实先虚，
适当的悬念不可少

　　历史上墨子曾经给楚惠王讲过这样一个故事，他说：
"有这样一个人，他自己家有非常珍贵的宝物，但是他却
觉得这些都没什么，反而特别喜欢邻居家的破烂的物
品。"墨子问楚惠王："你觉得这是个怎么样的人啊？"楚
惠王觉得好笑，他觉得这个人大概是有病，还是喜欢偷
东西的病，这是一个不识货的笨蛋。楚惠王的答案正中
了墨子的下怀，墨子接着问，楚国是不是一个物产丰富、
土地肥沃的强大的国家，楚惠王当然回答是的，接着墨
子又说到了宋国，他认为宋国是一个地域窄小、物产贫
乏、弱小的国家，楚惠王当然不会夸奖其他国家，所以
他又回答是的。

　　至此，墨子好像问了三个毫不相干的问题，这就使
得楚惠王十分好奇，而他的这些答案和他好奇的心理，
就是墨子问这些问题的目的。最后墨子问道，如果大王
守着强大的楚国，而去攻击弱小的宋国，这样的行为是

不是和之前的那个人一样呢？

　　这时楚惠王才知道自己中了墨子的圈套，但是此时也是无能为力了，只能回答他"是的"。这样，墨子就通过几个简短的故事，化解了宋国的危机。

　　所谓欲实先虚，是演讲者为了让对方顺着自己的意愿来展开话题而设下的一个圈套。这是因为平铺直叙地将道理讲述出来，有时无法打动听众的心，不能吸引听众的注意力。在这种时候，由演讲者先虚设一问，这一问乍一看与演讲内容毫无关系，或者让对方摸不清虚实，当对方出答案后，这种答案其实正是演讲者想要的，这时演讲者就可以抓住对方的话柄，以此为契机，得出想要的结论。这时，听众也就无法否认自己刚才说过的话了，这样也就无法否认演讲者的结论了。通过这样的小圈套来达到演讲的目的。

设置兴奋点，
让听众保持高昂情绪

所谓兴奋点就是最能够吸引听众注意力的关键点，这是一个演讲的亮点所在，也是一个演讲成功与否的重要因素。

最常见的话题有以下几个：

满足求知欲的话题

俞敏洪在《生命是一种勇气和姿态》中是这样讲的：

我们有多少人在 30 岁以后还能够告诉自己：你必须坚持！我们大部分人日益变得平庸，人生充满迷茫；我们因为碰到各种各样的困难，因为失恋，大学毕业找不到工作，创业找不到资源，变得越来越胆怯，越来越懦弱。我们开始放弃自己的梦想，我们甚至放弃自己最需要的进步。最后，我们附和社会，还给自己起了一个非常好听的名字，叫"和光同尘"。其实是把你的光弄没了，你的精神和灵魂，覆盖了厚厚的尘埃。世界上 80%

的人，都在默默无闻中度过自己的一辈子，都在抱怨中过着每天的日子，对社会以及对周围的亲人和朋友不满，他们用颓废来打发自己的日子，从来没有想过，身上到底丢了什么东西。实际上你丢了梦想，丢了坚持，丢了信念。你丢掉了最重要的东西，保留了无端的疑惑，再也不相信任何东西。你留下的是平庸，迷茫，懦弱，放弃和附和。

陌生的知识领域或神秘不可及的事物总是能引起人们的求知欲，使人们兴起探索的欲望，对于不知道的东西，想要弄清楚其工作原理，这是人们的本能，针对这种奇闻轶事展开话题可以大大地吸引听众的注意力。

与听众利益密切相关的话题

很多单位都会有这样一种现象，公司的一些大的发展方向或者整体规划往往不能得到每个员工的重视。相反的，每个小的细节例如年终奖金的评定方法、午餐的标准等，这样的事情反而能赢得大部分人的关注。这是因为群众最关心的无非就是涉及自己切身利益的事情。所以，纵观各类演讲，一旦关系到吃、穿、住、行、生活琐事的都会非常受欢迎。所以高明的演讲者常常能将要演讲的问题和人们生活中的实际利益结合，例如在讲解全球变暖，号召大家爱护环境时，可以不用空洞的说明，而是根据现实生活中的实际情况来说明：夏天越来越闷热等。

有关信仰和理想的话题

在物质生活越来越丰富的今天，人们对于理想和信仰的追求也越来越明确，没有探索、没有理想的人几乎是没有的。古今中外，人们都在为信仰和理想而不停地奋斗着。

俞敏洪在《生命是一种勇气和姿态》中是这样鼓励年轻人的：

> 我们每个人的生命，都需要突破，突破，再突破！挡住我们前进的脚步，恰恰是我们自己。10年前我曾带了一帮已经是企业家的朋友到呼伦贝尔草原去玩，我们看到草原上的连绵山坡，在蓝天的映衬下如此美丽，但是山坡下有道道铁丝网。我们很想翻过铁丝网，看看站在山坡上的草原到底是什么样的，但没有人敢越过一踩就能过去的铁丝网。我成了第一个勇敢的人，翻过了铁丝网。我们陷入在世俗的平庸里，其实生命的盛宴一直在地平线那边等待着你。

因此，有关这方面的话题能够被大多数的听众所接受，尤其是青年听众，他们正是人生观、价值观形成的时期，关于信仰和理想的演讲对于他们具有良好的启迪。同时也要注意演讲的内容必须要有针对性、现实性，符合现实生活，符合时代的需求，只有这样才能达到励志的目的。

开好凤头，让你
一开口就抓住听众的心

开头精彩，
就成功了一半

　　"万事开头难"，而"良好的开头是成功的一半"。

　　演讲正是如此。 美国著名演说家洛克伍德·桑佩说："在整个演讲过程中做到轻松地巧妙地和听众交流思想是困难的。 然而，做到这一点的关键是讲话开头的用字和表达。"所以演讲者要殚精竭虑，全力以赴准备好开头。 设置悬念，讲究文采，引人入胜，力求一开口就能拨动听众兴奋的神经。如果能在开始就让听众产生一种肯定的心理，那么这种情绪将伴着他们听完你的整个演讲。

　　那么应该如何开始一个演讲呢？

　　演讲开头的方法很多，或单刀直入，或迂回进攻，或敞开发问，或试探而进。 下面介绍几种：

　　1.开宗明义，一开始就亮出自己的观点，肯定什么，否定什么，批评什么，赞扬什么，和盘托出，清白明了。 如公元前44年罗马的安东尼在《为恺撒辩护》演讲中的开场白：

我今天来，是来安葬恺撒，并不是赞扬他的功德。我看人生在世，"好事入泥沙，坏事传千古。"这句话无疑是为恺撒说的。布鲁图斯是一个高尚的人，他告诉你们，说恺撒野心勃勃。若果真如此，自然是恺撒的大错。恺撒已死，也算是已偿了他的债了。今天承布鲁图斯的好意，准我演讲，所以我得在恺撒的灵前说几句话。

　　2. 运用故事、笑话开头能吸引听众。

　　在我上台以前，大家都看到了刚才的电视片，这是乔布斯回到苹果以后，在苹果公司还没有做出 ipod 这样一个音乐产品的时候，他决定要改造苹果公司，为此而做的一个苹果公司最初的广告片。

　　3. 展示物件式，运用此法可以给听众以形象、新颖感，一下子抓住听众注意力。
　　4. 引用名人警语式，运用此法能启人心扉，振奋精神。如《人贵有志》的开头：

　　一个人要有志气。法国生物学家巴斯德在 18 岁时写过一段名言。他说：工作随着志向走，成功随着工作来！这是一条规律。立志、工作、成功是人类活动的三大要素。……

　　5. 自我介绍式。介绍自己的一些个人情况，当然还可以插入些俏皮话来吸引听众。

6.提问式，运用此法利于引起听众的注意，利于演讲者控制演讲气氛。麦克阿瑟在《责任·荣誉·国家》中是这样开篇的：

> 今天早晨，我走出旅馆的时候，看门人问道："将军，您上哪儿去？"
>
> 一听说我到西点时，他说："那是个好地方，您从前去过吗？"

7.新闻式。新闻的特点是"新"，说一则新闻可以吸引听众的注意。如罗斯福的一次演讲是这样的：

> 昨天，1941 年 12 月 7 日——一个遗臭万年的日子——美利坚合众国遭到了日本帝国海空军部队的突然和蓄谋的进攻。

8.修辞格式＋猜谜语式＋悬念式。

一位教授在演讲前，从口袋中摸出一块黑乎乎的石头，说到："大家猜一猜这是一块什么石头？"当大家好奇时，教授说明是从南极探险带回来的。然后开始《南极探险演讲》。"

纵观世界上那些著名的演说家，甚至包括林肯、丘吉尔那样的演说天才，都非常重视撰写演讲稿，并且是认认真真地写演讲稿。写演讲稿并非表示他们的无能，反而显示他们的明智、精心的准备和严谨的科学态度。

古今中外，成功的政治家无不把绝妙的演讲作为实现政治目标的第一手段。他们机敏睿智、伶牙俐齿、巧发奇中、一言九鼎，为维护国家、民族的利益，或游说、或劝谏、或答辩、或谈判、或演讲、或辩论，均以说话水平导航政治风云，左右形势变幻。

巧设悬念，
制造戏剧性冲突

　　李燕杰曾强调演讲应有"戏剧般的冲突"。这就要求演讲要巧设悬念，变化有致，高潮迭出。恰当地使用悬念技法可以极大地调动听众的情绪，使演讲产生高潮。

　　有一次，卡耐基在给学生演讲"生命如何度过"时，随身携带了一件物品，并且用手巾盖着。一开始的时候，他就把它置于桌子的右侧，在情绪激动时就抚摸一下。所有的听众都在听他精彩的演讲。卡耐基的声音充满感情，而他抚摸这件物品时更显得感情凝重，人们心里对此很好奇，是什么呢？注意力便都集中了起来。

　　卡耐基接着说："美国南北战争时，有一个战士名叫莱特，他不过是一名普通的士兵。他作战勇敢，冲锋时总在最前方。他说他只有一个心愿，就是解放南方黑奴，让自由和民主回到人民手中。他的勇敢获得了无数次的嘉奖。亲爱的莱特却遇到了不幸，在一场遭遇战中，他倒下了。弥留之际，他握着英雄勋章说：'把它送给我的母亲。'之后大家才发现他是母亲唯一的亲人。他的母亲同样也是伟大的，宁愿自己忍受孤苦寂寞的晚年生活……现在，这位伟大的母亲和他的儿子都已死去，但这枚勋章却保留了下来，它总是鼓励着我们为大众的利益而努力奋斗！"

卡耐基说完，在全场听众的注目下，轻轻揭开手巾，露出了一个盒子，他再打开盒子，一枚金黄色的勋章躺在红色的绒布之上。那一刻全场都寂静了，有的人悄悄地流下了眼泪。人们为英雄的伟大而感动，也钦佩卡耐基的用心良苦。动情的讲述使他的演讲变得何其丰富啊！

设置悬念的方法很多：可以运用与演讲内容相联系的实物；可以运用突然发出、与内容反差较大的情感；可以运用听众一时难以回答上来的串问；可以运用带有夸张色彩的动作；可以运用录音、幻灯、录像等设备。

悬念的设置要注意的是：新奇，产生出人意料的结果；形象，处在听众情理之中；到位，表达圆满自然。

一般说来，悬念设置在演讲的开头，这利于它贯穿整个演讲。也可运用在中间和结尾处。

连锁悬念，环环紧扣。演讲结尾，再展高潮。当听众走出演讲大厅，仍是余音绕梁，深深思索。

◆ 开好凤头，一开口就抓住人心 ◆

安东尼《为恺撒辩护》

我今天来，是来安葬恺撒，并不是赞扬他的功德。"好事入泥沙，坏事传千古"，这句话无疑是为凯撒说的。

要殚精竭虑准备好开头，镇住场

好的开头就让你的演讲站住了脚，抓住了人心。

《救救孩子》开头：一个孩子总是吃妈妈剥好的鸡蛋。有一次，妈妈没有给他剥好蛋壳，他说："没有缝，叫我怎么吃？"

一开口就吸引住听众的注意力

用故事、设问开头，引起听众的关注和思考，为整场演讲定好调。

学会自我介绍，
让听众一上来就喜欢你

演讲者走上讲台，听众一般有一种陌生感、朦胧感，渴望了解演讲者的愿望很强烈。如果这时你能及时、准确、得体地自我介绍，自我袒露，使听众得到满足，他们会很高兴的。自我介绍切忌背稿式的朗诵，不要让人感到你花费了很多时间在自我介绍的设计上。自我介绍能取得听众认同的最好方法是自嘲！

在演讲中，自我介绍要注意以下几点：

其一是：如果节目主持人已经介绍了，自己就没必要再介绍。如果觉得要补充的话，则要注意与主持人的介绍连成一体。有一位演讲者参加《理想与未来》的演讲，主持人是这样开场的："接下来是曾多次参加全国演讲比赛并获奖的国家级优秀演讲员，当代青年演讲家为大家演讲，大家欢迎！"显然，主持人忘了他的名字。只见这位演讲者立即上场接过话："我姓谢，谢谢的谢，叫谢伦浩。在这里首先要谢谢主持人对我的赞美，更要谢谢大家来听我的演讲，不过这里要把主持人刚才讲的'当代青年演讲家'改成'未来著名演讲家'。 未来是美好的，我相信未来。 让我们大家携手并进，共创未来。 我给大家演讲的题目是《理想与未来》。"

其二是：一些赛事演讲由于时间严格控制，主持人会为你介绍，这时就没有必要再进行自我介绍。

其三是：自我介绍尽量精巧点。

自嘲是运用嘲讽的语言，自己戏弄、贬低或嘲笑自己，以此外化出另一层意思，显得"表里相悖"。 这就必须委婉达意，巧妙得体，格调轻松，俗而不陋，透露出豁达与聪明。

开好场，
为演讲定好基调

　　好的开头是成功的一半。关于开场白的重要性，许多名人做出过很好的忠告。俄国大文学家高尔基说："最难的是开场白，就是第一句话，如同在音乐上一样，全曲的音调，都是它给予的。平常得花好长时间去寻找。"高尔基的这段话包含两层意思：第一，开场白至关重要，它的作用如同音乐的"定调"，规定着全曲的基本面貌和基本风格。第二，适当的开场白不是那么容易找到的，它是长期积累和苦心斟酌钻研的结果。

　　奥地利的乐团指挥韦勒说："如同有'招眼'的东西一般，也有'招耳'的东西。首先，对于讲话者而言，有决定意义的是要获得听众的好感，引起他们的注意。开场白就是沟通讲话者和听众之间的第一座桥梁。"这位音乐家指出，讲话者的开场白必须"招耳"，即引起听众的注意，获得他们的好感。

　　获得听众好感的方式有多种。有的是在开头采用幽默语、形象语、发问语、警句、格言、典故、谚语等以引起听众的兴趣；有的语言朴实无华，但提出的是党和国家的重大问题；有的则充满激情，具有振奋人心的作用。 作为讲话者，不管你准备了多少内容，最初的30秒都是最重要的。 不要小看这短短的开场白，它将决定此后你所说的每一句话的命运。听众将根据你给他们留下的第一印象来决定是否耐心聆听你的讲话。 因此只有独具匠心的开场白，以其新颖、奇趣、敏慧之美，才能给听众留下深刻印象，才能立即控制住场上气氛，在瞬间集中听众注意力，从而为接下来顺利讲话搭梯架桥。

　　1990年，中央电视台邀请台湾影视艺术家凌峰先生参加春节联欢晚会。当时，很多人对他并不熟悉，而当他说完那妙不可言的开场白后，就一下子被观众认同了，并受到了热烈欢迎。他是这样说的："在下凌峰，我与文章不同，虽然我们都获得过'金钟奖'和'最佳男歌星'称号，但我却是因长得难看而出名。一般来讲，女观众对我的印象都不太好，她们认为我是'人比黄花瘦，脸比煤炭黑'。"此言一出，观众们便捧腹大笑。凌峰的这段开场白给观众们留下了其为人坦诚率真、风趣幽默的良好印象。后来，在"金话筒之夜"文艺晚会上，只见他满脸含笑地对观众说："很高兴又见到了你们，很不幸你们又见到了我。"话音一落，全场便发出热烈的掌声。就这样，凌峰的名字被很多人记住了。

这个例子充分说明了开场白的重要性，像凌峰这样用幽默风趣的开场白吸引观众的注意力无疑是一种很有效的开场方式，也正因为他的开场白说得好，一开始就抓住了观众的心，才能在接下来的发言中让观众认真倾听。 瑞士作家温克勒说："开场白有两项任务，一是建立说者与听者之间的感情；二是如字意所示，打开场面，引入正题。"温克勒也强调开场白应建立说者和听者之间的认同情感，并为下面的讲话做好准备，而凌峰的开场白很成功地做到了第一点。

开场白没有固定的格式，可以千变万化，但无论是采用哪种方式作为开场，都应该注意不要一开始就说很多客套话，也不要故弄玄虚，而要提纲挈领地说明讲话的主旨。

俞敏洪《生命是一种勇气和姿态》开场白是这样的：

> 大家都看到了刚才的电视片，……看到了爱因斯坦，看到了甘地，看到了莱特兄弟，甚至看到了乔布斯和他的伙伴。他们用不同的思想、不同的勇气，改变了世界，推动了人类文明进步，推动了社会变革。他们是给人类带来进步的一代又一代英雄、政治家、科学家和艺术家。我们在这样的片子中到底看到了什么？我们看到了什么样的主题？是的，我们看到了梦想，看到了信念，看到了勇气，看到了坚持，看到了独特。

曾有人指出：如果没有一个好的开头，想在整个讲话过程中始终做到轻松、巧妙地与听众交流思想是颇为困难的。 通常那些有丰富的演讲经验和演讲学识的演讲家，都十分重视开场白。 之所以这样说是因为：开场白是讲话者传递给听众的第一个，同时也是最重要的信号，能否抓住听众的注意力，引发他们听的积极性和兴趣，就取决于这最初发出的信息。 所以，一个精彩的开场白不仅能为整场讲话添彩，也更容易让听众关注并认可接下来的讲话内容。 但不管是哪种开场白的方法，使用时都应注意，要因人而异，因事而异，灵活掌握。

8 种精彩的
开场白方式

大凡成功的讲话，都要在讲话稿开头下一番功夫，精心设计和安排好开头，力求开头像凤凰之冠那样俊美、漂亮。讲话稿开头的艺术性，概括地说，就是要求"镇场"。所谓"镇场"，是戏剧舞台艺术的专门术语。演戏要求镇场，而演戏的镇场，大多用演员上场的亮相来"镇"。讲话也要求镇场，即一开始就要求将全场听众的注意力吸引过来。讲话镇场虽然与讲话者上台的风度、情感、气质有一定的关系，但是主要的还是靠讲话稿开头本身的语言魅力。下面就为大家提供 10 种比较有特色的开场白方式：

设问式

设问式开头可以制造悬念，促使听众集中注意力，积极思考。如李大钊的《庶民的胜利》，一开始就提出几个问题：

"我们这几天庆祝战胜，实在是热闹得很。可是战胜的，究竟是哪一个？我们庆祝，究竟是为哪个庆祝？我老老实实讲一句话，这回战胜的，不是联合国的武力，是世界人类的新精神。"

对于设问式开头应注意，不能泛泛地为提问而提问。 提问的信息要与对象、场合相适应，同时讲究内容的合理性和确定性。 要使听众感到新鲜，出乎意料，能激发听众积极思考。 而且与后面阐述的问题要联系紧密，能巧妙自然地引出讲话的主体内容。

故事式

讲话者一开始就讲述新近发生的奇闻怪事、令人震惊的重大事件或生动感人的故事。 这种开头，由于故事具有情节生动、内容新奇等特征，容易赢得听众的关注，并能造成悬念，激起听众的兴趣。 如《救救孩子》是这样开头的：

去年 5 月 24 日的《新民晚报》，披露这样一个事实：一个四年级的小学生，每天要带父母亲手剥光了壳的鸡蛋到学校吃。有一次，父母忘了给鸡蛋剥壳，差点憋坏了孩子，他对着鸡蛋左瞅瞅，右看看，不知如何下口。结果只好原蛋带回。母亲问他怎么不吃鸡蛋，回答很简单：没有缝，叫我怎么吃！

通过这个小故事的开头，引起了听众的思考。 然后，讲话者提出：我们是否也应该考虑一下孩子的社会生活能力究竟怎样？ 今后他们能自立于社会，贡献于社会吗？
一位演讲者在《爱的真谛》演讲时的开头：

最近我从报上看到这样一则新闻：一对年轻人正在热恋中，女孩突然患病瘫痪。但男孩没有离开她，而是全力地帮她治病。下班后守在她身边喂饭喂药，顶着社会和家人的压力，一守就是5年！在女孩要做大手术的前一天，男孩找来了一辆平板车，拉着女孩到民政局领取了结婚证。叮嘱她："放心做手术吧！不管结果如何，我都是你的丈夫……"

用故事调动兴趣的开头，要做到叙事简明扼要，短小精悍，不可啰唆拖沓。事情本身要有针对性，耐人寻味，能引起听众兴趣。而且要与中心论题密切相关。

悬念式开场白

悬念式开场白即开头讲一个内容生动精彩、情节扣人心弦的小故事，或举一个触目惊心的事实来制造悬念，使听众对故事发展和人物命运深表关切，从而仔细听下去。例如，李燕杰的演讲《爱情与美》是这样开头的：

前年四月，北京一家公司的团委书记要请我去做报告，我因教学任务紧张推脱不去。这个团委书记恳切地说："李老师，你一定要去，我们这次是请你去救命的。"我很纳闷……

听演讲者这么一说，听众也纳闷了：到底发生了什么事，非请他去不可？这样开场，吸引力极强。

"套近乎"式开场白

演讲者根据听众的社会阅历、兴趣爱好、思想感情等方面的特点，描述自己的一段生活经历，或学习、工作中遇到的问题、自己的烦恼、自己的喜乐，这样容易给听众一种亲切感，自然而然地乐于听你讲。例如，我大学毕业后和大家一样，也是"北漂"，租住在一间 10 平米的小房子里，开始了创业人生。

赞扬式开场白

人们一般都爱听赞扬话。讲话者在开场时说几句赞扬性的话，可尽快缩短与听众的心理距离。有位演讲者到宜城做演讲，开场白充满赞美之情：

> 有人问我，最喜欢哪一首民歌？我脱口而出：《回娘家》！是的，宜城是我的娘家，是我母亲生长的土地。我热爱宜城，赞美宜城，首先是因为我们宜城人长得美。古代宜城大文学家宋玉写道："天下之美者在楚国，楚国之美者在臣里，臣里之美者为臣东邻之女。臣东邻之女，增之一分则太长，减之一分则太短，施朱则太赤，着粉则太白。"宋玉说，天下最美的人是我家东边隔壁的那位姑娘，那位姑娘增一分就太高了，减一分又太矮了；抹点胭脂太红了，擦点粉又太白了。各位老乡，你们说我们宜城人美不美呀？

听众热烈鼓掌。讲话者的巧妙引用，深情赞美，一下子抓住了听众的心。 接着他讲宜城人心灵如何美，家乡如何可爱，一步步切入"爱家乡才能爱祖国，爱祖国就要投身改革大潮，创造有价值人生"的主题，收到了良好的效果。

道具式开场白

道具式开场白，也叫"实物式开场白"，即开讲之前先展示某件实物，给听众以新鲜、形象的感觉，引起听众的注意，从而一下子吸引住听众的注意力，收到意想不到的效果。

有位演讲者向数百名教师做一场题为《做教育改革弄潮儿》的演讲。 一上台就展示出齐白石的名画《雏鸡》，当听众的目光全被吸引过来之后，他才开口：

> 请看，在这幅一米多长、一尺来宽的画面上，齐白石先生只画了三只毛茸茸、憨乎乎的小鸡，其余处皆为空白。这些空白，给我们留下了无限广阔的想象和再创造的天地。看了这幅画，你是否会想到雏鸡会长成"一唱天下白"的雄鸡呢？你是否感到了春天的无限生命力呢？每个人可以根据自己的体验想象到很多很多——这就是"空白"的魅力。我们做教师的，能否都打破 45 分钟的"满堂灌"，也给学生留下一点回味和进行创造性思维的"空白"呢？

渲染式开场白

渲染式开场白，即运用形象的、充满情感的语言，创造适宜的环境气氛，引发听众相应的感情，进而吸引听众。 如恩格斯在《马克思墓前的讲话》的开头：

3月14日下午两点二刻，当代最伟大的思想家停止思想了。让他一个人留在房里还不到两分钟，等我们再进去的时候，便发现他在安乐椅上安静地睡着了——但已经是永远地睡着了。

　　这个开场白，只用了短短的两句话，便把听众引进了一个庄严、肃穆、沉痛的气氛之中，激发了人们对革命导师的景仰、悼念之情，有利于听众接受讲话者接下来要展开的论述。

模仿式开场白

　　模仿某个人的语调或动作姿态，使听众产生丰富的回忆和想象，有助于推动讲话的深入。

　　大家还记得吗？1980年12月，在香港伊丽莎白体育场举行的世界杯亚太区足球预选赛中，中国队32岁的足坛老将18号容志行，（模仿宋世雄的音调）以其熟练、细腻、漂亮的盘带动作，晃过了对方三个后卫队员的拦截，在离对方禁区15米远处起脚射门！射出一个什么呢？射出了一个"足球热"。

　　由于演讲者模仿得惟妙惟肖，几乎能以假乱真，因此一下子就使全场的气氛活跃起来。但运用模仿式开场白，要注意内容、场所、听众心理、民族风格等因素的制约，要以讲为主，以演为辅，且适可而止，否则会使人觉得华而不实，产生逆反心理。

掌控演讲进程，
用你的高超演讲征服听众

营造逼真生动的
语言环境

我们先看下面一段演讲辞：

> 一天下午，轰隆隆，一发罪恶的炮弹拦腰削断了一棵碗口粗的大树。接着，轰隆隆……一连几发炮弹在战士们的周围爆炸。这时，受伤的战士继续匍匐向前，嗒嗒嗒……敌人的高射炮轰击着，战士们顺着山势往下滚，鲜血浸进了殷红的大地……

这段演讲辞把绘声和描状结合起来，增强了演讲的视觉形象和听觉感受，逼真地烘托出战场的气氛，使听众宛如身临其境。

苏联著名幼儿教育家波维卡娅也很喜欢在教学中使用摹状手法，充分调动动作、姿态去表演，运用口技去摹声，使课堂充满笑声。

摹状主要运用形容词后附加重叠音节的方法。如"绿油油""红彤彤"。

还有变迭法："滴滴答答""郁郁葱葱"。

还有直音法："黑咕隆咚"、"轰"的一声。

摹状的最大作用是诉诸人的感觉。如：

描写："哒哒哒哒地跑过跑道""风嗖嗖地吹着"。

象征："牛哞哞地叫""狗汪汪地叫"。

拟态："波涛滚滚地涌来"。

运用排比技巧
表达各种情感

　　排比是由三个或三个以上的结构相同或相似、语气一致的语句成串地表达相关或相连的内容的一种句式。无论在叙事演讲、政论演讲还是抒情演讲中都被广泛运用。

　　另外，在演讲中，一些特别要强调的字词，一些特别要加固的感情可以采用重复的方法去表现。如罗斯福 1941 年 12 月 9 日在对日宣战后向全国广播的"炉边谈话"：

　　十年前，在 1931 年，日本入侵中国——未加警告；

　　在 1935 年，意大利入侵埃塞俄比亚——未加警告；

　　在 1938 年，希特勒侵占奥地利——未加警告；

　　在 1939 年，希特勒入侵捷克斯洛伐克——未加警告；

　　同样在 1939 年，希特勒入侵波兰——未加警告；

　　在 1940 年，希特勒入侵挪威、丹麦、荷兰、比利时和卢森堡——未加警告；

　　在 1940 年，意大利先后进攻法国和希腊——未加警告；

而今年，1941 年，轴心国家进攻南斯拉夫和希腊，控制了巴尔干——未加警告；

还是 1941 年，希特勒入侵俄国——未加警告；

而现在日本进攻了马来西亚和泰国——以及合众国——未加警告。

这里罗斯福十次反复使用"未加警告"强烈地呼吁和唤醒人们，如果继续放任法西斯，他们将更猖狂地践踏人类。

这里运用的是同一重复的方法。

演讲中为了防止格式的雷同，可以采取详略变化的方式重复。如"我是一棵小草，一棵秋冬以后枯萎在路边的小草"。

所谓重复，就是用相同的言词复述某一观点或某一句话，分为重复语词和重复叙述两种。前者是对相同语词的重复，后者是运用不同语词表达同一重复的观点或内容。使用重复手法，可以加深感情的程度，加大语言的力度，强化演讲的节奏。

运用重复切忌走向啰唆，比如下面这段演讲就犯了啰唆的禁忌："朋友，刚才我所说的就是事实，活生生的事实，什么是事实呢？刚才我说的是事实。"

以下一些场合可以运用重复手法：

1. 演讲内容新颖独特；

2. 演讲的话题与听众既往经验相矛盾时；

3. 听众对演讲中的一些理论难理解时；

4. 听众不喜欢演讲的内容，情绪低落时；

5. 演讲者感到应着重强调的地方。

逐步增强
情感的力度

反问是指用疑问形式表达确定的思想内容的一种形式。反问寓答案于问句之中，思想内容恰与字面意义相反。 在演讲中用好反问句能加强语势，把意思表达得更加鲜明。 由于反问句带有感叹语气或疑问语气，比正面陈述更有激发鼓动力量，更能唤起听众的思想和激情，所以具有很强的感染力和鼓动性。

佩特瑞克在演讲时很喜欢运用排比，把听众的情绪推向高潮：

战争实际上已经爆发。兵器的轰鸣即将随着阵阵的北风而不绝于耳！我们的兄弟们此刻已开赴战场！我们岂可以在这里袖手旁观，坐视不动！请问一些先生们到底心怀什么目的？他们到底希望得到什么？难道无限宝贵的生命，无限美好的和平，最后只能以戴镣铐和受奴役为代价来换取吗？……

演讲中，设问与反问经常连用，设问、反问与排比、递进、感叹经常套用。如古罗马演讲家西塞罗《第一篇控告卡提利那辞》的开场白：

卡提利那，你恣意地滥用我们的耐心还要多久？你疯狂地嘲笑我们何时才了？你肆无忌惮地炫耀自己的无耻行为有无止境？难道无论是帕拉提乌姆山冈的夜间警戒，无论是罗马城里的夜间巡逻，无论是全体人民的惊恐，无论是所有的高尚人的集会，无论是选择这一受到严密保卫的地方做元老会场，无论是元老们的脸色或表情，都未能使你有所触动？你难道看不出你的阴谋已被在座的人们识破而难以施展？你以为我们当中谁都不知道你昨天夜里干了什么？前天夜里干了什么？这两夜你待在哪里了？……

这段演讲辞开头是设问，问而不答；中间部分是反问；后面是设问。演讲者将设问、反问、排比、感叹、陈述诸种句式融为一体，使感情更加强烈，气势更加宏大。

在演讲中，巧妙地用好双重否定也可收到强调的效果，如："我们并非是不求上进、不思进取的一代。"运用双重否定要把握好否定词，用得不好会适得其反。如："大家在论辩时，没有一个人不认为论辩的超水平发挥，不是知识丰富的结果。"这里连用了"没有""不认为""不是"三重否定词，使表达出来的意思与本义恰恰相反。

◆ 在演讲进程中，用你的高超演讲征服听众 ◆

新东方校长俞敏洪

当你长成参天大树以后，遥远的地方，人们就能看到你；走近你，你能给人一片绿色、一片荫凉；即使人们离开你，回头一看，你依然是地平线上一道美丽的风景线。

利用情绪和语言，营造出一种场景

调动听众内心深处的情绪，发人深思，催人奋起。

太阳在前缓缓地上升／多么缓慢哦／但是请看西边／大地正是一片辉煌

丘吉尔在二战期间号召民众

引用诗歌大大提升感染力

诗歌往往感情浓缩、寓意深长，能深深打动听众的心。

适时
朗诵诗文

被戴尔·卡耐基称誉为美国最有感染力的演讲家之一的福尔敦·希恩主教每次演讲总是慷慨激昂，谈论自己有激情的话题，而他运用的技巧是喜欢在开头或结束朗诵一段感人的诗歌。

演讲中运用声情并茂的朗诵可以更好地营造气氛，引领听众进入演讲意境之中。 如：

"我是你的十亿分之一，/是你的九百六十万平方公里的总和；你以伤痕累累的乳房，喂养了——/迷惘的我，沉思的我，沸腾的我。/那就从我的血肉之躯上去取得，/你的富饶，你的荣光，你的自由。/祖国啊，我亲爱的祖国！"

朋友们，每当我看到"祖国"这个字眼，我就情不自禁地想起了舒婷的这首诗《祖国啊，我亲爱的祖国》！

这里以声传情，以情托声，声情并茂，这样的开头很有吸引力。

演讲的中间也可在感情强烈处加上一段朗诵，宛如一颗闪亮的星星，点缀着演讲气氛的空间，为演讲平添几分光彩。

季米特洛夫 1933 年在莱比锡法庭的最后辩词中就曾引用了歌德的诗：

> 警官海勒在法庭上读了一首共产党员写的诗，以此证明共产党员在 1933 年放火烧国会。该诗选自一本 1925 年出版的书。请允许我也引用一首诗，一首由最伟大的德国诗人歌德写的诗：
>
> 要及早学得聪明些。／在命运的伟大天平上，／天平针很少不动；／你不得不上升或下降；／必须统治和胜利，／否则奴役和失败，／或者受罪，或者凯旋，／不做铁砧，就做铁锤。／不是胜利，便是失败，不做铁砧，就做铁锤！
>
> 清算账目的时刻终会到来，而且要加上利息！国会纵火案的真相以及真正罪犯的判定，将由未来无产阶级专政的人民法庭完成。
>
> 伽利略被判刑时，他宣告："地球仍在转动！"
>
> 我们共产党人今天也怀着同伽利略一样的决心宣告："地球仍然在转动！"历史的车轮滚滚向前，向着最后的、不可避免的、不可遏制的必然要达到的目标——共产主义。

这里感情浓缩，寓意深长，深深地打动着听众。

演讲结尾是运用朗诵较多的地方。

丘吉尔任英国首相期间，正逢第二次世界大战，有一次他发表演讲，结尾引用了英国诗人克拉夫诗作中的一段：

当那疲乏无力的浪花向岸边冲击，／仿佛是寸步难进了的时候。／远远地，通过小河小溪的流灌，／正静静地汇成一片汪洋。／当晨光初照人间，／那光芒岂止透过东窗；／太阳在前缓缓地上升，／多么缓慢啊！／但是请看西边，／大地正是一片辉煌！

这里丘吉尔引用诗人的诗句结尾，表达了对战争胜利的期望和信心。

演讲中的朗诵可选用诗段、散文、杂文、台词、歌词、名人警语等。表达时要自然真挚。切忌为了朗诵而朗诵。因此，演讲稿忌通篇运用诗歌形式表达。

借助婉曲手法表达
你对丑陋的批驳

演讲中运用婉曲技法可以含蓄地表达内心的不满和意见；表达不便直言的事情，批评丑恶与谬误。运用婉曲技法可以使气氛风趣轻快，易使听众接受你的观点。

英国文学家查尔斯·兰姆在一次演讲时，有人故意发出"嘘嘘"的怪声捣乱。兰姆说："据我所知，只有三种东西会发出'嘘嘘'声——蛇、鹅鸟和傻瓜。你们几位能到台前来让我认识一下吗？"台下顿时一片安静。

演讲中运用婉曲手法要注意：

其一，要恰到火候且点到为止，不能含混糊涂、晦涩，也不能直露。

其二，切忌为了取得婉曲的效果而一个劲地把矛头指向听众，令听众感觉你含沙射影，难以接受。

其三，要随机应变，随境而发。巧妙地利用语音、语汇、语调、语气、表情、体态、动作，结合演讲场景，创造出内涵深刻、丰富多彩的即时控场氛围，使听众感知你的动人的魅力。

"幽默是语言中的盐。"演讲需要幽默，幽默感的形成可借助仿词与拆词手法。

先看仿词手法：突破现行语言规范的束缚，巧移善铸，临时仿造出一个意义相反或相近的词语来提高语言的表达效果。演讲中的仿词听来风趣，有一种明快犀利、生动活泼的效果。

仿词要仿得听众理解，不能太怪。应仿名言名句，名人诗词。

再看看拆词手法：把词拆开镶进别的词，或把特定的词句有规则地暗嵌在别的词语中，或把词拆开交错搭配。

如："滑天下之大稽"。演讲中运用拆词手法可引人注意，加深印象，又可创造生动活泼的气氛。

如："互联网时代家电都可遥控，汽车可自动驾驶。而他家里只有一样电器算是高档的，你猜是什么？卡拉可以 OK。"

这里把卡拉 OK 拆来嵌字，妙趣顿生。

在演讲前一定要对演讲稿中的每一个词、每一个概念仔细推敲，认真斟酌，以免出错。虽然演讲不同于书面文字，转瞬即逝，但有些观点一旦表达出来是不会马上从听众的感觉中消失的。他们会思考，会比较。如果认为你的观点虚假、错误，他们会因为你的演讲提供了虚假失真的信息而觉得自己受骗、被愚弄，从而产生抵触情绪，导致演讲效力下降。

在一个"戒烟联席会"上，主席说："吸一支烟至少要少活一天。"下面听众马上就有人吸烟。为什么呢？因为这位先生已经抽了三十多年的烟，现在六十多岁了。按主席的说法，以每天十支烟计算，他已经少活了 300 年，岂不是天大的笑话！主席的话经不起推敲。

演讲设计得错落有致，
能让听众热血沸腾

"文似看山不喜平。"演讲亦如此。据心理学家认为：人听讲话时的注意力每隔五至七分钟就会有所松弛。因此，演讲者要适度地注意演讲的起伏张弛，变化有度。

如果我们把演讲的进行轨迹用一根线来描述的话，这根线不应是直线，而应是曲线——具有运动变化感的曲线。这主要从语言、内容、情感几个方面去体现。语调要高低升降，语速要急促徐缓，音量要洪大精细，音色要刚柔多变，情感要跌宕起伏。

达到这种效果的方法是：事实与道理相融，议论与抒情相托，严肃与轻松共存，快捷与徐缓交错。下面看看一篇演讲：

试问，自从 1870 年的大战结束以来，哪一年不曾有过战争的警报？就在 70 年代初我们结束战争回来的时候，他们就已经说了：我们什么时候重新开战？什么时候我们再兴"复仇之师"？最迟不过五年。当时他们对我们说："我们是否会发生战争以及能否取得胜利（这正是中间派一位代表在国会上用来责备我的话），现今完全取决于俄国了。唯有俄国手里掌握着决定权。"

在现在这种时刻，我们必须尽力壮大自己。只要我们愿意，我们就能比世界上拥有同样资源的任何国家更加强大。因此，不利用我们的资源就是一种罪过。如果我们不需要一支随时可作战的军队，我们就无须征集这支军队。

这事只取决于并不十分重要的费用问题。费用问题的确无关紧要，我只是顺带提提而已。我说我们必须继续努力，以便应付一切紧急情况。鉴于我国的地理位置，为了达到上述目的，我建议我们必须做出比其他大国更大的努力才行。我国位于欧洲中部。我们至少在三条边界线上可能受到袭击。法国和俄国分别只有东部和西部是无掩护的国界。由于我们的地理位置，或许加上直到现在德国人民所显示的团结力量比其他民族薄弱，使我们比任何其他国家的人民更直接地受到敌对联盟国家的威胁。不管怎么说，上帝已经把我们放在一个邻里不允许我们稍有懈怠的地位，不允许我们在只求苟存的泥潭中打滚。

这项法案将使我国能增加装配有更多武器的部队。在我们不用增加士兵人数时，增加的士兵无须征集入伍。如果我们有了足够的武器，他们就随时可以装备起来。这是头等重要的事。我还记得 1813 年英国供给我国后备军的卡宾枪，我用那些枪打过猎，那不是军人用的武器。当然，遇有紧急情况，我们可以很快地得到武器。但如果我们现在储备下武器，这项法案就能加强我们的和平力量，也能给予和平联盟以强大的支援。那就简直犹如一个拥有70万军队的第四强国加入联盟。这是迄今在战场上最大的队伍。

我从不主张侵略战争。我们决不发动战争。火必须有人去点才会燃烧，我们绝不去点火。无论我们怎样意识到上述自己的力量，也无论我们相信盟国多么可靠，都不会因此而妨碍我们以固有的热忱与努力去继续保卫和平。

我们不会意气用事，也不会冲动偏激。

我们德国人除了上帝之外，不畏惧世界上任何人！正是由于我们敬畏上帝，所以我们热爱和平，保卫和平。谁要是残忍地破坏我们的和平，他就会受到教训，知道我们德国人的尚武爱国感情意味着什么！1813 年，当普鲁士还是一个弱小的王国时，这种精神就曾使我们全体人民一致团结在我们的国旗下。他还会知道，这种爱国主义精神现已成为全德意志民族的共同财富。

因此，谁要想进攻德国，都会看到这是一个团结一致，武装起来，每一个战士都抱定上帝与我们同在的必胜信心的德国。

这是德国著名的铁血宰相俾斯麦 1888 年在德国国会上发表的演说，这篇演讲运用了多种语气，文章错落有致，慷慨激昂，令听者热血沸腾。

演讲过程中表达浓烈的情感，使听众精神升华

美国南北战争结束后，有两位军人竞选国会议员。其中一位是著名英雄陶克将军。陶克功勋卓著，曾任过两三次国会议员；另一位是约瑟夫·爱伦。他是一位很普通的士兵。

陶克的演讲是：

> 诸位同胞们，记得十七年前（美国南北战争时）的那天晚上，我曾带兵与敌人激战。经过激烈的血战后，我在山上的树丛里睡了一个晚上。如果大家没有忘记那次艰苦卓绝的战斗，请在选举中，也不要忘记那位吃尽苦头、风餐露宿、造就伟大战功的人。

这段话很精彩，感情色彩也很浓。

爱伦的演讲是：

> 同胞们，陶克将军说得不错，他确实在那次战争中

立下了奇功。我当时是他手下的一个无名小卒，替他出生入死，冲锋陷阵。这还不算，当他在树林里安睡时，我得携带武器，在荒野上饱尝寒冷风霜保护他。

爱伦的演讲更动人，更易激起共鸣。他打败了陶克，取得了胜利。

"感人心者，莫先乎情。""情不深，则无以惊心动魄。"有经验的演讲者激情迸发时，好比冲出闸门的河水，呼啸着奋进的浪花，使"快者掀髯，愤者扼腕，悲者掩泣，羡者色飞"。使人听起来精神振奋，思想升华。

这就要求演讲者性情豪爽，话语坦荡，推心置腹，以真换真，以诚对诚，以爱求爱，讲出真情实感；要求演讲者情感炽热、深沉、热情、诚恳、娓娓动人，做到"未成曲调先有情"；要求演讲者必须和听众一起喜怒哀乐，不掩饰、不回避，对真、善、美热情讴歌，对假、恶、丑无情鞭答。各种情感溢于言表，使听众闻其声、知其言、见其心，达到感情上的融合、思想上的共鸣、认识上的一致，与听众达到心理情感的交流互动；要求演讲者对整个演讲立体把握，既有冷静的分析，又有热情的鼓励，既要有怒有喜，又要有爱有憎；要求演讲者不摆架子，不野蛮粗俗，不声色俱厉。

收好豹尾，
让你的演讲鼓舞人心

绝妙诱人的
结尾

　　摆在我们面前的，是一场极为痛苦的严峻的考验。在我们面前，是漫长的战争和苦难的岁月。你们问：我们的政策是什么？我要说，我们的政策就是用我们全部的能力，用上帝所给予我们的全部力量，在海上、陆地和空中进行战斗，同一个在人类黑暗悲惨的罪恶史上所从未有过的穷凶极恶的暴政进行战争。这就是我们的政策。你们问：我们的目标是什么？我可以用一个词来回答：胜利——不惜一切代价，去赢得胜利。无论多么可怕，也要赢得胜利，无论道路多么遥远和艰难，也要赢得胜利。因为没有胜利，就不能生存。

　　大家必须认识到这一点：没有胜利，就没有英帝国的存在，就没有英帝国所代表的一切，就没有促使人类朝着自己目标奋勇前进这一世代相因的强烈欲望和动力。但是当我挑起这个担子的时候，我是心情愉快、满怀希望的。我深信，人们不会听任我们的事业遭受失败。此时此刻，我觉得我有权利要求大家的支持，我要说："来吧，让我们同心协力，一道前进。"

这段丘吉尔《热血、辛劳、眼泪和汗水》的演讲结尾，开始几句平稳缓慢，从内心发出质问："我们的政策是什么？"接下来加快，说明现实的严酷。演讲者激情进出，最后号召大家同心协力，一起前进。

演讲要获得全面成功，一定要精心设计好结尾。也就是俗话所说的："编筐编篓，全在收口。"如果说，好的演讲开头犹如"凤头"，那么好的演讲结尾就像"豹尾"。豹尾者，色彩斑斓而又强劲有力。结尾是对整个演讲的总结，它承担着收拢全篇的任务，因此，其意义非常重要。演讲的结尾既有文采又坚定有力，既概括全篇又耐人寻味，才能使全篇演讲得以升华，收到良好的效果。

对讲演结尾的要求大致可以归纳成以下三点：

1. 加深印象，结束全篇

当演讲基本完成，听众对你的观点、态度以及讲述的有关知识基本上已经掌握时，就必须考虑"收口"了。"收口"将从视觉上、听觉上给听众留下最后印象，将在听众的大脑屏幕上"定格"。"收口"的好坏直接决定了听众对整个演讲的印象。精彩的结尾往往能弥补一些不足，强化听众的总体印象。只要我们留意一下，便会发现古今中外的演讲家对结尾都是很重视的。

2. 言简意赅，耐人寻味

演讲结尾切忌重复、松散、拖沓、枯燥，尽量避免那种人云亦云的客套式的结束语。结尾言简意赅应该是演讲者追求的目标。

结尾应犹如撞钟，余音缭绕，耐人寻味，令人感奋向前。

3. 戛然而止，余音绕梁

结束语是演讲的重要组成部分，精妙的结束语能使演讲收到意想不到的效果。通常情况下，结尾不应冗长拖沓，更不能画蛇添足，而要在达到高潮时戛然而止，给听众以余音绕梁、回味无穷的感觉。结尾时要尽可能达到与听众感情上的交融，引起听众的共鸣。在把握好分寸的前提下，满腔热情地提出希望、要求和建议。

结尾要干净利索，凝练有力，极富人情味和鼓动性。

当演讲因种种原因需要中止时，如果演讲者仍然滔滔不绝讲个不停，必然引起听众的反感。因此，一定要学会适可而止。

高潮式、总结式
和余韵式的结尾

与演讲的开场白一样，其结尾也有不同的形式。结尾结得好，能给人余音绕梁、回味无穷的感觉，也可令人深思。其形式一般有以下几种。

1. 高潮式

演讲如果在演讲主题思想的升华、情绪氛围的渲染都达到了最高点时结尾，我们把这种演讲结尾方式称之为高潮式。

"一二·一"是昆明的光荣，是云南人民的光荣。云南有光荣的历史，远的如护国，这不用说了。近的如"一二·一"，都是属于云南人民的，我们要发扬云南光荣的历史！

反动派挑拨离间，卑鄙无耻，你们看见联大走了，学生放暑假了，便以为我们没有力量了吗？特务们！你们错了！你们看见今天到会的一千多青年，又握起手来了，我们昆明的青年决不会让你们这样蛮横下去的！

反动派，你看一个倒下去，可也看得见千百个继起的！

正义是杀不完的，因为真理永远存在！

历史赋予昆明的任务是争取民主和平，我们昆明的青年必须完成这任务！

我们不怕死，我们有牺牲的精神，我们随时像李先生一样，前脚跨出大门，后脚就不准备再跨进大门！

这是李公朴被杀之后闻一多先生的演讲，他在结尾时把群众的愤怒情绪调动到了最高潮。而实际上，"把高潮放在结尾"是许多演讲人士自觉或不自觉地都在运用和遵循的一条重要法则。

2. 总结式

在演讲结尾时，对前面所讲的内容进行提纲挈领的归纳和总结，就叫作总结式。对于初学演讲的人来说这种结尾方式很容易被掌握，但要注意，总结时要避免对前面演讲内容和形式做简单的重复。

3. 余韵式

运用余韵式结尾，就是在演讲中以含蓄或者留有余地的语言来表达主题，让听众能在演讲结束后的思索中体会其言外之意，而受到启迪，或者总结演讲的精华主旨并深化主题。

◆ 收好豹尾，让你的演讲鼓舞人心 ◆

闻一多在纪念李公朴现场

我们不怕死，随时像李先生一样，前脚跨出大门，后脚就不准备再跨进大门！

结尾要强劲有力

结尾承担着收拢全篇的任务，切忌松散、拖沓、枯燥。要升华主题思想，将情绪渲染到顶点。

这个世界上唯有两样东西能让我们的心灵震撼，一是我们头顶上灿烂的星空，一是我们内心崇高的道德原则。

名言、哲理性结尾生动精炼

犹如撞钟，余音缭绕，耐人寻味，具有启发性和感染力。

号召式
结尾

俗话说"编筐编篓，重在收口；描龙画凤，难在点睛。"讲话的结尾，就是讲话的"收口""点睛"。美国作家约翰·沃尔夫认为"演讲最好在听众兴趣未尽时戛然而止"。其意就是说，最好在演讲达到高潮时果断"刹车"，以此来强化给听众的最佳印象。

拿破仑说过："兵家成败决定最后五分钟。"我们同样可以说，讲话的成败在相当程度上取决于讲话的结尾。这是因为，如果讲话者设计和安排的讲话开头和高潮精彩，再加上有一个出人意料、耐人寻味的好结尾，那么，就如同锦上添花，会给听众带来一种精神上的愉快和满足。相反，如果讲话者设计和安排的结尾没有新意而平凡无力，没有激起波澜而陈旧庸俗、索然无味，那就会使听众深感遗憾，失望而去。因此，讲话的结尾要比开头和主体部分要求更高，内容要更有深度，语言要更有力度，方法要更巧妙，效果要更耐人寻味。可见，讲话的结尾是走向成功的最后一步，它在整个讲话中起着不可忽视的重要作用。

好的结尾能揭示题旨，加深认识，给听众留下完整深刻的印象；能收拢全篇，使通篇浑然一体；能鼓动激情，促人深思，令人觉醒，能让听众在反复回味中受到教育和启发。所以，每位讲话者不仅要熟练地掌握讲话结尾的艺术技巧，而且要善于设计、安排出既符合内容要求，又符合讲话时境的新颖而又精彩的结尾，只有这样才能使自己的讲话取得全面成功。

讲话结尾的类型和方法，多种多样，不拘一格，讲话者可根据自己讲话的具体时间、地点、主题、听众及自己个性等因素，选择适合自己结束讲话的方法，使之有效地为讲话的思想和目的服务。归纳起来，常见的讲话结尾方式大体可以分为以下几种：

呼吁式结尾。如古希腊狄摩西尼的《斥腓力演说》是这样结尾的："即使所有民族同意忍受奴役，就在那个时候我们也要为自己而战斗。辞令的灵魂就是行动！行动！再行动！"这种结尾有利于号召听众愤然而起，具有强烈的鼓动色彩。

用提希望或发号的方式结尾。这种结尾是演讲者以慷慨激昂、扣人心弦的语言，对听众的理智和情感进行呼唤，或提出希望，或发出号召，或展示未来，以激起听众感情的波涛，使听众产生一种蓬勃向上的力量。如讲话稿《一位纪委书记的"小家"和"大家"》结尾就是用提希望的方式完成。

同志们，朋友们，我们正处在一个伟大变革的黄金时代，经济的发展，国家的富强，民族的振兴，需要全体人民的艰苦奋斗，特别是共产党人的模范带头作用。

如果每一个共产党员都能正确处理好"小家"和"大家"的关系，严格地按党性原则要求自己，用党的纪律约束自己，用党旗下那神圣的誓言激励自己，那么我们党的形象将会更加光彩照人，我们党将会更加坚强伟大！

这种结尾的方式是讲话者用深刻的认识和独到的见解向听众提希望、发号召，能使听众精神为之一振，具有动人情、促人行的作用。

展望式结尾。如韩健在的《在失败面前挺起胸膛》讲话结尾为："我深知，我将来可能败得更惨，但我不怕，因为怕失败的人永远不会成功！"以展望未来结束演讲，使人憧憬，余韵深长。

结尾要简洁有力，余音绕梁。结尾是演讲内容的自然收束。言简意赅、余音绕梁的结尾能够使听众精神振奋，并促使听众不断地思考和回味；而松散疲沓、枯燥无味的结尾则只能使听众感到厌倦，并随着事过境迁而被遗忘。

评论式、祝福式
结尾

1. 评论式

评论式结尾，是对前面的讲话内容作观点提炼，或者补充对核心事件或人物的评论，进而阐明意义、升华主旨。

恩格斯在 1883 年 3 月 17 日发表的《在马克思墓前的讲话》，结尾就让人永生难忘：

> 正因为这样，所以马克思是当代最遭嫉恨和最受污蔑的人。各国政府——无论专制政府或共和政府——都驱逐他；资产者——无论保守派或极端民主派——都纷纷争先恐后地诽谤他、诅咒他。他对这一切毫不在意，把它们当作蛛丝一样轻轻抹去，只是在万分必要时才给予答复。现在他逝世了，在整个欧洲和美洲，从西伯利亚矿井到加利福尼亚，千百万革命战友无不对他表示尊敬、爱戴和悼念。而我敢大胆地说："他可能有过许多敌人，但未必有一个私敌。他的英名和事业将永垂不朽！"

这种讲话方式很值得人们回味。议论性、感叹性结尾，升华了感情，把听众的情绪调动到最高点，让人沉浸其中，自然回味无穷。

2. 祝福式

诚挚的祝福本身就充满了打动人心的力量，最容易拨动听众的情感之弦，使之产生共鸣。所以，讲话最后用祝福语作为结尾，可以使讲话气氛变得欢乐愉快、热情洋溢，使听众在愉快中增加自豪感和荣誉感，而对于送出祝福的讲话人，当然也会心存好感，并因此认可你的讲话内容。如《在迎新茶话会上的演讲》的结尾：

> 最后，在春节即将到来之际，我借此机会向全市的父老兄弟、姐妹们拜个早年。祝老年人春节愉快、身体健康、寿比南山！祝中年人春节快乐、家庭幸福、事业成功！祝年轻人春节欢乐、爱情甜蜜、前程无量！祝大家年年幸福年年富，岁岁平安岁岁欢！谢谢大家！

人们一般都喜欢被赞美祝贺，因此，相互之间的赞颂成了人们交往的最好手段。通过这些赞颂的话，讲话氛围可以再次达到一个新高潮，讲者和听者的关系也会变得更融洽。

最后，选用祝福式结尾还要注意：第一，发自内心，亲切动人。第二，注重场合，适度适情。第三，通俗易懂，简短明白。

名言哲理式
结尾

在所有的结尾方法中，如果你能找到合适的短句或诗句结尾，那是最理想不过的。它将产生最合适的风味以及庄严气氛，将可表现出你的独特风格，产生美的感受。如蒋昌健《性本善》的辩论总结陈词中这样结尾：

"谈到这里，我不由得想起一百多年前生活在柯尼斯堡的一位叫康德的老人说过的一句话：'这个世界唯有两样东西能让我们的心灵感到深深的震撼，一是我们头顶上灿烂的星空，一是我们内心崇高的道德法则。'"

以名言警句作为演讲的结尾，内涵丰富，发人深省。

用哲理名言、警句作结尾。这种结尾方式，是通过引用名言、警句、谚语、格言、诗句等作为结尾，这样不仅使语言表达得精炼、生动、富有节奏和韵律，而且还可以使讲话的内容丰富充实，具有启发性和感染力，同时还可以给人一种生动活泼、别开生面之感。 如讲话稿《谈毅力》的结尾：

> 毅力是攀登智慧高峰的手杖，毅力是漂越苦海的舟
> 楫，毅力是理想的春雨催出的鲜花。朋友，或许你正在
> 向成功努力，那么，运用你的毅力吧。这法宝可以推动
> 你不断地前进，可以扶持你度过一切苦难。记住："顽强
> 的毅力可以征服世界上任何一座高峰！（狄更斯语）"

世界扶轮社社长哈里·劳德先生以这种方式结束他的
演说：

> "各位回国之后，你们之中某些人会寄给我一张明信
> 片。如果你不寄给我，我也会寄一张给你。你们一眼就
> 可看出那是我寄去的，因为那上面没有贴邮票。但我会
> 在上面写些东西：春去夏来，秋去冬来，万物枯荣都有
> 它的道理。但有一件东西永远如朝露般清新，那就是我
> 对你永远不变的爱意与感情。"

这首短诗很配合他演说的气势。 因此，这段结尾对他来
说，是极为合适的。

用名言式结尾，能给演讲者的思想提供有力的证明增加讲
话的可信度，显得更加优美含蓄，睿智大气，具有较强的说服
力和鼓舞作用。

幽默式
结尾

"余音绕梁，三日不绝"是讲话结尾追求的最佳效果。而在多种多样的讲话结束语中，幽默式结尾可算达到这种效果最好的一种。一个讲话者能在结尾时赢得笑声，不仅是自己讲话技巧十分成熟的表现，更能给本人和听众双方都留下愉快美好的回忆，也是讲话圆满结束的标志。那么，怎样才能做到幽默式结尾呢？

用幽默的语言来结束演讲

1. 造势

我国著名作家老舍先生是很喜好幽默的。他在某市的一次讲话中，开头即说"我今天给大家谈六个问题"，接着，他按照第一、第二、第三、第四、第五的顺序，井井有条地谈下去。谈完第五个问题，他发现离散会的时间不多了，于是他提高嗓门，一本正经地说："第六，散会。"听众起初一愣，不久就欢快地鼓起掌来。

老舍在这里运用的就是一种"平地起波澜"的造势艺术，打破了正常的演讲内容，从而出乎听众的意料，收到了幽默的效果。

2. 省略

全国写作协会在深圳罗湖区举行年会。开幕式上，省、市各级有关领导论资排辈，逐一发言祝贺。轮到罗湖区党委书记发言时，开幕式已进行了很长时间。于是他这样说："首先，我代表罗湖区委和区政府，对各位专家学者表示热烈的欢迎。"掌声过后，稍事停顿，他又响亮地说："最后，我预祝大会圆满成功。我的话完了。"他以迅雷不及掩耳之势结束了讲话。

听众开始也是一愣，随后，即爆发出欢快的掌声。因为，从"首先"一下子跳到"最后"，中间省去了其次、第三、第四……这样的讲话，如天外来石，出人预料，达到了石破天惊的幽默效果，确实是风格独具，心裁别出。

3. 概括

某大学中文系一次毕业生茶话会，首先是系党总支书记讲话，三分钟的即兴讲话主要是向毕业生表示祝贺。然后是彭教授讲话，主题是希望同学们继续努力学习，还引用了列宁的名言。第三个讲话的潘教授朗诵了高尔基的《海燕》片段，以此勉励毕业生们学习海燕的精神。第四个讲话的系副主任希望同学们永远记住母校和老师们。紧接着，毕业生们欢迎王教授讲话。在毫无准备而又难以推辞的情况下，王教授站起来，先简单地回顾了数年来与同学们交往的几个难忘片段，最后一字一顿地说：

"前面几位给大家提出了殷切的希望，可我还是喜欢说他们说过的话。（笑声）第一，我要祝同学们胜利毕业！（笑声）第二，我希望同学们'学习、学习、再学习'。（笑声）第三，我希望同学们像海燕一样勇敢地搏击生活的风浪。（笑声、掌声）第四，我希望同学们不要忘记母校，不要忘记辛勤培育你们的老师们！"

在这里，王教授通过对前面四个人的讲话主题的简练概括，旧瓶装新酒，不落窠臼，结束了一次机智、风趣且具有个性特点的讲话。

借助道具产生幽默效果结束讲话

1. 对比

鲁迅先生在结束《在上海中华艺术大学的演讲》时说：

"今天我带来一幅中国五千年文化的结晶，请大家欣赏欣赏。"

说着，他一手伸进长袍，把一卷纸慢慢从衣襟上方伸出，打开一看，原来是一幅病态丑陋的月份牌。顿时全场大笑。

鲁迅先生借助恰到好处的道具表演，与结束语形成鲜明的对比，极具幽默，不仅使演讲在欢快的气氛中结束，而且使听众在笑声中进一步品味先生讲话的深意。

2. 双关

在延安的一次演讲会上，当演讲快结束时，毛主席掏出一盒香烟，用手指在里面慢慢地摸，但掏了半天也不见掏出一支烟来，显然是抽光了。有关人员十分着急，因为毛主席烟瘾很大，于是有人立即动身去取烟。毛主席一边讲，一边继续摸着烟盒，好一会，他笑嘻嘻地掏出仅有的一支烟，夹在手指上举起来，对着大家说："最后一条！"

这个"最后一条"，毛主席的话是最后一个问题，又是最后一支烟。一语双关，妙趣横生，全场大笑，听众们的一点疲劳和倦意也在笑声中一扫而光了。

讲话的幽默式结尾方法是不胜枚举的。关键是讲话者要具有幽默感，并能在讲话中恰如其分地把握住讲话的气氛和听众的心态，才能使讲话结束语收到"余音绕梁，三日不绝"的效果。

熟练掌握控场技巧，

你就是演讲高手

全力以赴，
争取好感

全力以赴

诚实、热心和认真的态度，能帮助你达到目的。 一个人的强烈情感，能使他展示真正的自我。这是因为强烈的情感能清除一切障碍。这样的演讲者，其行动和演说犹如是在无意识中进行的，这种自由发挥的状态就是演讲的最佳境界。

在英国，有一位名叫乔治·麦克唐纳的传教士，他在布道时发表了题目叫《致希伯来人书》的演说，给人留下了深刻的记忆。他说：

"各位都是信仰虔诚的人，对于信仰的含义，相信已有了一定的了解，用不着我多说，何况还有许多比我更优秀的神学教授在这儿，我之所以站在这里，只是为了帮助你们加强信仰。"

这时，他把全部注意力都集中到演说中去了。为了使听众产生真正的信仰，他全力以赴地演说着，那充满热情的话语将眼睛所无法看到的永恒真理和自己坚定的信仰，生动具体地表达了出来。他说话态度诚恳、感情真挚，反映出淳朴敦厚的内在气质。而这种演讲态度正是他成功的关键。

柏克·艾德曾写过出色的演说词，被美国各大学当作雄辩的成功典范来研究。可他本人的演说却很失败，他对珠玉一样的演说词，缺乏热烈而生动的表达能力。每当他站起来发表演说时，听众便开始坐立不安，有的咳嗽，有的东张西望，有的走动，有的打瞌睡，有的干脆走出会场，这种情形在会场里实在令人尴尬。因而他得到一个"晚餐报时钟"的绰号。

一枚足以穿透钢板的子弹，如果用手投掷的话，就连衣服的一角都损伤不了，因为它没有足够的力度，没有强大的动能。相反，如果你把豆腐当子弹发射的话，它也无法损伤什么。同样一篇十分精彩的演说词，如果在它的背后没有高水平的演讲技巧来加以呈现的话，那么其效果就会和用手投射子弹一样软弱无力。

让听众产生强烈的好感

演讲追求的是一种自然的表达。这种表达是指把自己心中所想的事、所积聚的情感，诚恳地用言语和表情表达出来。掌握了演讲技巧的演讲者，在演讲时就会注意使用比较丰富的语言技巧来描述，从而扩大自己的内涵所能表现的范畴。积极有效的方法有：经常检查自己演说时音量的高低、速度的快慢、节奏的强弱等。 检查方法：利用录音录下自己的演说，然后边听边做自我分析，或是请朋友听了进行评判。 当然如果能请到专家予以指导，那么你就会达到演讲高手的境界。

要记住，不要把太多注意力放在你的表达方式上，那样会使演说流于形式。 一定要满怀热情、全力以赴地去争取听众产生强烈的好感，只有这样，你才能够自由地表达你的思想、情感。 才能使你的演说具有强大的影响力。

◆ 熟练掌控演讲技巧，你就是高手 ◆

很多年轻人晚上想了千条路，早上起来走原路。如果你不行动，不给自己梦想一个实践的机会，你永远没有机会。

马云《梦想与坚持》

充满饱和的情感，演讲才有力度

演讲辞像一枚足以穿越钢板的子弹，但如果没有饱和的情感和力度，则连衣服也损伤不了，更不能触及人的灵魂。

一个人若有一茶匙头脑，便会有一份傲气。这份傲气保护着他，使他不会有意剽窃别人的思想。

马克·吐温

演讲中的幽默是光彩夺目的火花

幽默是思想、学识、智慧在一瞬间的光芒闪耀，会让整场演讲充满光彩。

把握听众心理
有方法

由于对演讲效果的评判在很大程度上是根据听众对演讲的接受程度而定的，所以应把握演讲过程中听众的心理。

十分有名的《钻石的土地》是由康威尔·罗李演讲的，而且他曾经演讲过 6000 次以上。也许有人会以为他的演说只不过像录音机一样，多次播放相同的内容，甚至连每一句话的抑扬顿挫都没有改变。然而事实并非如此，因为罗李明白每一次的听众都不尽相同，他必须对演说做适当调整，以满足不同层次、不同品位的听众。当他到某地发表演说前，总是先去拜访当地的各个阶层的人物如经理、工程师、理发师等，或是随便和某人闲聊，并从闲聊中根据他们的言谈举止分析他们会有怎样的期望。然后，才因地制宜、因人而异确定内容、题材，再发表演说。无疑，罗李深知演讲的成功与否很大程度上取决于听众的理解和接受程度。《钻石的土地》并没有留下讲稿，但他以同一主题讲了 6000 次以上，并取得了成功。这完全得益于他对人情世故的敏锐洞察和演讲的随机应变。这给我们揭示了一个深刻的道理：演说必须符合听众的心理，符合听众的知识结构。

1. 听众关心的事应纳入演讲

罗李博士认为演讲成功的要素之一是缩短演讲者与听众的心理距离。事实证明，如果演讲者的观点涉及听众所熟知的事物，听众便能较快地接受，演讲就容易获得成功。

艾立克·约翰斯敦曾担任过美国工商会长、电影协会会长。他的演说，很善于利用演讲地的风俗民情和实际情况。在俄克拉荷马州立大学的演说中，他成功地运用了就地取材这种方法。

俄克拉荷马这块土地对商人而言，原本与鬼门关一样，被认为是永无发展的荒凉之地。甚至在旅游指南中被删去了名字，这都是不久前发生的事情。而且，你们一定也曾听说过，1930 年左右，曾经经过这里的乌鸦，向其同伴提出警告，除非已备足粮食，否则到这里就无法生存。

大家都把俄克拉荷马当成无可救药之地，绝不可能有开拓性发展。但到了 1940 年，这里奇迹般逐渐变成了绿洲。甚至将她的美妙变革谱成流行歌曲：大雪过后，微风轻拂，麦田飘散着芳香，摇曳多姿……这不是俄克拉荷马欣欣向荣、勃勃生机的写照吗？

仅仅 10 年的时间，你们的家乡已由一片黄土沙漠，摇身变为长得像大象一样高的玉米田，这就是信念的报偿和敢于冒险犯难的结晶。

由于演说者善于从听众所熟悉的生活环境、切身体验中选材，然后经过分析、归纳、总结，在纵向比较和横向比较上做文章，因而取得了演讲的成功。他的话新奇、生动、贴切，紧紧抓住了听众的心，拉近了演讲者与听众的心理距离，所以成功是必然的。

演说者的成功正是在于他明了听众的目的，以及听众期望演讲者能给他们提供的解决难题的知识和方法。有了这样的认识，你才会寻找到听众的真正疑惑或需求，确定自己的演讲内容、主题，也才能有的放矢地演说，才能拥有取得成功的先决条件。如果听众渴望了解当前的局势，那你就分析国际国内的政治动态；如果听众希望了解怎样进入股市，那你可以对他们讲述有关股市、股票的基本知识……英国新闻界的威廉·伦德夫·赫斯特，作为美国大报业的经营者，在被问到哪种话题能吸引听众时，他毫不犹豫地回答："就是与自身息息相关的话题。"他正是在这种理论指导下，建立了他的新闻王国。

不用举更多的例证，便可知道与听众休戚相关的话题必然会赢得听众的认同进而被听众接受。如果我们心中没有听众，以自我为中心，听众就会感到事不关己，就会心不在焉，东张西望。

2. 真诚的褒扬

听众是一个思维活跃的群体，他们会根据自己的立场对演说进行评价。如果你不尊重他们，他们会不留余地地拒绝你。所以，倾听听众呼声，给听众解决问题的方法，就等于拿到了自由出入听众心理王国的通行证。

3. 寻找共同点

演讲与对话都是人际交往与沟通的必要手段。如果你是应邀演讲，那么与听众建立起融洽的关系是很重要的。

前英国首相麦克米伦，在美国德堡大学毕业典礼上，他的开场白就不失时机地抓住了听众的心。"感谢各位对我的欢迎，虽然作为英国首相在这里发表演说的机会并不多，但我并不认为我是英国首相才被邀请。"然后，他又回顾了自己的家世，并告诉听众，他的母亲是出生在本州的美国人，而他的外祖父就是印第安纳州德堡大学的首届毕业生。

麦克米伦以其直系亲属的血缘情分，和属于开拓者时代的美国学校生活方式为话题所发表的演说，其反响之热烈，自不待言。获得这一成功的重要因素无疑是巧妙地抓住了听众与演讲者双方的共同点。

4. 让听众充当演说中的角色

曾有一位演说者，想要向听众说明从踩刹车到车子完全停止之间的行车距离。这位演说者请了一位坐在最前排的听众站起来，协助他说明车距与车速的关系。被指定的听众，拿着卷尺站在台上，按照演说者的解释前进或后退。这种情况不但具体旁证了演说者的观点，同时，也与观众进行了互动，拉近了与听众的距离。

有时为了达到让听众扮演一个角色的效果，可以向观众提问，或者让听众重复一遍演讲者的话，然后举手回答。《富有幽默感的作家与说话》的作者巴西·H．怀汀一再强调，要让听众直接参与表决，或让听众帮忙解决问题。并且认为要有正确的思维方向。如果用演讲稿的方式去演说，那么观众的反应肯定不会很强烈。应把听众当作是你共同事业的合作伙伴，让观众参与进来，这样你要表达的论点就更加深入人心。

5. 使听众感到平等

演说者以怎样的态度与听众沟通，是十分敏感的问题。假如以一种有良好教养、拥有较高的社会地位或社会权力的高高在上的态度和腔调对听众演讲，大都会受到排斥和反感。因为谁都不愿低人一等、听人训话。演讲者首先应采取低姿态，才能与听众建立良好的沟通关系。诺漫·V·比尔曾忠告一位演说缺少吸引力的传教士："诚恳是首要的条件。"

幽默、迂回、悬念

在《演讲入门》中约翰·哈斯灵写道："幽默是演讲者与听众建立友好关系的最有效的手段之一。当你讲得听众眉开眼笑的时候，他们也就主动地参与了思想交流的过程。"哈斯灵总结了幽默在演讲中的作用，是建立友好关系和促进思想交流。幽默的运用很讲究技巧与方法，下面简单介绍几种幽默的方法：

1. 故意夸张法

丰富的想象可表现为夸张。夸张就是扩大或缩小事物的形象、特征、作用，以强化语言的表现力，从而构成幽默。

美国总统里根在竞选演讲中曾这样抨击物价上涨：

夫人们，你们都知道，最近，当你们站在超级市场卖芦笋的柜台前，你们就会感到，吃钞票比吃芦笋还便宜一些。

你们还记得当初你们曾经认为没有什么东西可以代替美元吗？而今天美元却真的几乎代替不了什么东西了！

里根通过对美元贬值的夸张，激起选民们对物价上涨的强烈不满，对当政者的不满，从而达到选民们支持他的目的。

2. 移花接木

当甲乙环境互换和甲乙词语互换时，都有令人捧腹的幽默效果。在《论男子汉》的演讲中，演讲者就大量运用了"大词小用"（移花接木）幽默法：

我选择了这样一个演讲题目《论男子汉》（掌声）。掌声证明了，这是一个真正时髦的问题（掌声、笑声）。广大的女同胞和男同胞，都在积极地做这一时髦的促进派，大有让所有的男性公民脱胎换骨、重新做人之势。著名演员刘晓庆说："做女人难，做一个名女人尤其难。"我说，做男人难，做一个男子汉尤其难。（笑声、掌声）……而要成为一个男子汉，最能立竿见影的，大概就是所谓的物理方法了：穿一双内增高鞋，增加些"海拔高度"；（笑声）留一撮小胡子，显示些粗犷；穿一条牛仔裤，添几分潇洒……

"脱胎换骨、重新做人""所谓的物理方法""海拔高度"等词语，大大增强了演讲的幽默效果，为演讲掀起了一个又一个的高潮。

3.如实陈述

对生活中的可笑之事，照原样讲述，就能达到幽默效果。俞敏洪在一次演讲中，就运用了如实陈述的幽默法：

> 学生生活是非常美好的，有很多美好的回忆。我还记得我们班有一个男生，每天都在女生的宿舍楼下拉小提琴，（笑声）希望能引起女生的注意，结果后来被女生扔了水瓶子。我还记得我自己为了吸引女生的注意，每到寒假和暑假都帮着女生扛包。（笑声）后来我发现那个女生有男朋友，（笑声）我就问他为什么还要让我扛包，她说为了让男朋友休息一下（笑声，掌声）。

这样的如实陈述，使听众席上的气氛极为活跃，于是演讲也就不难成功了。在幽默技巧的运用中，要注意，材料和语言不能庸俗、低级；幽默要紧扣主题，分量适当，切莫喧宾夺主。

当然在演讲中通过幽默与听众建立友好关系和促进思想交流的方法远不止以上四个方面，一个成功的演讲家往往能即兴通过幽默调动听众的思想感情，而且做得恰到好处。读者必须明确真正的幽默是来源于广博的知识和敏锐的洞察力，而并非哗众取宠。

4.悬念法

所谓悬念法就是指在演讲过程中提出一个听众极为关心的问题后，并不解答。让听众急于想知道问题的答案，从而调动听众的兴趣，参与到演讲中去。设置悬念是一种有效的演讲方法。某大学举办写作知识讲座，老师在讲到细节描写时，首先设置了一个悬念：

　　"请问同学们，男生和女生回到宿舍时，摸钥匙开门的动作有什么不一样呢?"听讲的学生立即活跃起来，有的小声议论，有的抢着回答，有的干脆模拟自己回宿舍找钥匙的动作。主讲教师接着说："据我观察，大多数女生在上楼梯时，手就在书包里寻找，走到宿舍门口，凭感觉捏住一大串钥匙中的那一片钥匙，往锁孔里一插，门就打开了。而大多数的男生呢? 他们匆匆忙忙地跑到宿舍门口，'砰'的一脚或一掌，门不开，于是想起找钥匙，把钥匙片往锁孔里一塞，打不开，原来钥匙片拿错了。"

　　这一番描述，引起了同学们会意的笑声。教师于是又总结道："把男女生回宿舍摸钥匙开门的动作描述出来就是一处细节描写，而细节描写的生动又来源于对生活的细致观察。"这位教师先巧设悬念，让学生积极参与到这个讲课的过程，然后再利用解答悬念抛出知识点，取得了很好的教学效果。

如何面对
自身失误

      一次，里根总统在白宫钢琴演奏会上讲话时，夫人南希一不小心连人带椅子跌落在台下地毯上。观众发出惊叫，但是南希却灵活地爬起来，在众多宾客的热烈掌声中回到自己的座位上。正在讲话的里根看到夫人并没有受伤，便插入一句俏皮话："亲爱的，我告诉过你，只有在我没有获得掌声的时候，你才应该这样表演。"

只要把握得当，大多数人都拒绝不了戏谑调笑的化解法的"功效"，因为它能使人开怀大笑、舒展情绪，使人在笑声中淡化尴尬与窘迫。

1. 主动调侃自己

当我们在讲话中，由于过失出现了难堪，就采用自我调侃的方式低调化解吧。

然而，当由于他人的原因甚至恶意使你陷入窘境时，逃避嘲笑并非良方，而你殚精竭虑地进行反击，很可能会遭到对手更多的嘲讽，不如来个 180 度大转变超脱。这种超脱既能使自己摆脱狭隘的自尊心理束缚，又能使凶悍的对手"心软"下来。

当然，大多数人制造尴尬都不是恶意的，而是出于不小心，这时候，如果你过分掩饰自己的失态，反而会弄巧成拙，使自己越发尴尬。而以漫不经心、自我解嘲的口吻说几句取悦人的话，却可以活跃气氛，消除尴尬。

在尴尬的场合，运用自嘲能使自尊心通过自我排解的方式得到保护，还能体现出说话者宽广大度的胸怀。

尴尬场合，运用自我调侃可以平添许多风采。当然，自我调侃要避免采取玩世不恭的态度。具有积极因素的自我调侃包含着自嘲者强烈的自尊、自爱。

2. 找个化解尴尬的"台阶"

在社交活动中，能适时地为陷入尴尬境地的对方提供一个恰当的"台阶"，使对方免丢面子，是处世的一大原则，也是为人的一种美德。这不仅能获得对方的好感，而且也有助于自己树立良好的社交形象。

外圆内方的人，不但尽量避免因自己的不慎而使别人下不了台，而且还会在对方可能不好下台时，巧妙及时地为其提供一个"台阶"。

人人都有下不来台的时候。学会给人下台阶，既可以缓解紧张难堪的气氛，使事情得以正常进行，又能够帮助尴尬者挽回面子，增进彼此的关系。

◆ 熟练掌握控场技巧，你就是演讲高手 ◆

亲爱的，我告诉过你，只有在我没有获取掌声的时候，你才应该这样表演。

南希

里根

用幽默找个化解尴尬的台阶

只要把握得当，用戏虐调笑的化解法，可以在笑声中化解尴尬与窘迫。

人类是由猴子变来的？我也属于您的论断之列吗？

当然了。不过，您不是由普通的猴子变来的，而是由长得非常迷人的猴子变来的。

达尔文

用应变能力化解突发状况

不仅可以避免尴尬的发生，还可以为听众带来笑声。

如何面对
刁难者

在演讲过程中，有时我们会遇到别人有意无意地抢白、奚落、挖苦、讥讽，这时该怎么办？有随机应变能力的人，能调动自己的智慧，化被动为主动，使尴尬烟消云散。"兵来将挡，水来土掩"，你可视不同的对象选择不同的应付办法。

1. 仿拟话语

仿照对方讽刺性的话语形式，制造出一种新的说法，将对方置于一种反而不利的位置上，从而使对方落入"聪明反被聪明误"的自造的陷阱中。

丹麦著名童话家安徒生一生俭朴，常常戴一顶破旧的帽子在街上溜达。一次，一个富翁嘲笑他说："你脑袋上边的那个玩意儿是个什么东西，能算是一顶帽子吗？"安徒生马上回敬了一句："你帽子底下的那玩意儿是个什么东西，能算是个脑袋吗？"

对方本想嘲笑安徒生服饰破旧寒酸，不想反被安徒生嘲弄他没有头脑。安徒生仿拟对方的话语形式，改换了几个字词，便辛辣地讽刺了对方的愚蠢卑鄙，空长一个脑袋。

2. 歧解语义

它是指故意将对方讽刺性的话做出另一种解释，而这种解释又恰巧扭转了矛头，指向对方，这等于让对方自己打了自己的嘴巴。

普希金年轻时并不出名。一次，他在彼得堡参加一个公爵举行的舞会。他邀请一位年轻漂亮的贵族小姐跳舞。这位小姐傲慢地看了普希金一眼，冷淡地说："我不能和小孩子一起跳舞！"普希金不但不生气，反而微笑着说："对不起！我亲爱的小姐，我不知道您正怀着孩子。"那位贵族小姐一听顿时羞得满脸赤红。

普希金在这里就是歧解了语义，把"小孩子"偷换成贵族小姐"已有身孕"，因而才不能和别人跳舞。

3. 以毒攻毒

当对方用恶毒的话攻击你的时候，不妨顺水推舟，借他的话回敬对方。

1914年9月2日英德两方谈判时，德国首相提出："你们是否要为一张废纸（指保证比利时中立的休约）和

我们开战?"乔治国王对于这样的提问没有辩解或回避,而是做了这样的演讲:

在座诸位没有人比我更不情愿、更反感地看到我们被卷入一场大战的前景了。在我的政治生涯中,我一直抱着上述的态度。没有人会比我更坚信,我们不可能既避免这场战争的发生,又不使我国荣誉受到损害。我完全清楚,历来一个国家如卷入战争,就必然要乞灵于荣誉这个堂而皇之的名义。

不少罪行都是在荣誉的名义下犯的。现在就有些犯罪活动正在进行。然而,国家的荣誉毕竟是一个客观存在的现实,任何国家无视这个现实,都是注定要灭亡的。为什么这场战争牵涉到我国的荣誉问题?这是因为我们承担着光荣的责任,要保卫一个弱小邻国(指比利时)的独立、自由与领土完整。这国家很弱小,不可能强迫我们这样做。但是如果有人因债权人太穷,无力强迫他还债,便拒绝清偿债务,此人便是一个卑鄙的恶棍。

我们郑重地签订过一项保卫比利时的条约,但是在条约上签字的不仅是我们。为什么奥地利和德国不履行条约规定他们应守的义务?……

条约是代表国际政治家信誉的货币。德国商人和世界上任何其他国家的商人一样有着同样诚实正直的名誉。但是如果德国货币贬值到和她的政治家的信誉一样的水平,那么从上海到瓦尔帕莱索,再也没有一个商人会对德国商人的签字看上一眼了。这就是所谓一张废纸的理论。……我们正在同野蛮作战。只有一个办法能扭转这种情况：如果有哪些国家说他们只在条约对他们有利时才守约，我们就不得不使局势变得只有守约才对他们有利。

4. 一箭双雕

抓住主要事实或揭露要害，在自己摆脱困境的同时，通过对比指出对方的弱点，置其窘境。

这是戴高乐 1940 年 6 月 18 日二战开始后，在伦敦英国广播公司发表的演说。

政府借口军队打了败仗，便同敌人接触，谋取停战。

我们确实打了败仗，我们已经被敌人陆、空军的机械化部队所困。我们之所以失败，不仅因德军的人数众多，而是败于他们的坦克、飞机和作战战略。正是敌人的坦克飞机和战略使我们的将领们惊惶失措，以至出此下策。

但是难道败局已定，胜利已经无望？不，不能这样说！

请相信我的话，因为我对自己所说的话完全有把握。我要告诉你们，法兰西并未失败。总有一天我们会用目前敌人战胜我们的同样手段使自己转败为胜的。

因为法国并非孤军作战。她并不孤立！绝不孤立！她有一个幅员辽阔的帝国作后盾，她可以同控制着海域并在继续作战的不列颠帝国结成联盟。她和英国一样，可以得到美国雄厚的工业力量源源不断的支援。

这次战祸所及，并不限于我们不幸的祖国。战争的胜败亦不取决于法国战场的局势。这是一场世界大战。我们的一切过失、延误以及所受的苦难都不能改变一个事实：世界上拥有一切手段，能够最终粉碎敌人。我们今天虽然败于机械化部队，将来却会依靠更高级的机械化部队夺取胜利。世界命运正系于这种部队。

我，戴高乐将军，现在在伦敦发出广播讲话。我吁请目前或将来来到英国国土上的法国官兵，不论是否还持有武器，都和我联系；我吁请具有制造武器技术的技师与技术工人，不论是目前或将来来到英国国土的，都和我联系。

无论出现什么情况，我们都不容许法兰西抗战的烽火被扑灭，法兰西抗战烽火也永不会被扑灭。

明天我还要和今天一样在伦敦发表广播讲话。

这篇演讲在批判了法国政府的不抵抗政策的同时表示自己一定要坚持战斗，说明法国还是有希望的。这次的演讲给予了法国民众希望，从而为扭转战场上的败局奠定了基础。而戴高乐从此被法国人称为"六·一八英雄"。

5. 巧借比喻

巧借对方比喻中的不雅事物，用与此相克相关的事物作比，针锋相对，给以迎头痛击。

达尔文提出进化论以后，赫胥黎竭力加以支持和宣传，并与宗教势力展开了激烈的论战。教会诅咒他为"达尔文的斗犬"。在伦敦的一次辩论会上，宗教首领见赫胥黎步入会场，便骂道："当心，这只狗又来了！"赫胥黎轻蔑地答道："是啊，盗贼最害怕嗅觉灵敏的猎犬！"

赫胥黎以比对比，巧妙地戳穿了宗教首领的丑恶本质和害怕真理的面目。

当你面对别人恶意的侵犯时，拥有随机应变的语言表达功力非常重要。在防卫中运用优雅、得体的语言把你的智慧和大度发挥得淋漓尽致。

6. 装聋作哑，糊涂到底

"装聋作哑"，就是指对别人的话装作没有听到或没有听清楚，以便避实就虚、猛然出击的处理问题的方式。它的特点是：说辩的锋芒主要不在于传递何种信息，而是通过打击、转移对方的说辩兴致，使之无法继续设置窘迫局面，化干戈为玉帛，寓辩于无形，不战而屈人之兵。当然唯有具有深厚阅历的人方能达到这种效果。在人际交往中，这种方式的使用场合很多。

英国前首相威尔逊在一次竞选演讲中，遭到一个捣乱分子的挑衅。演讲正在进行，捣乱分子突然高声喊叫："狗屁！垃圾！臭大粪！"这个人的意思很明显，是骂威尔逊的演讲臭不可闻，不值得一听。但是威尔逊不理会他的本意，只是报以容忍的一笑，安慰他说："这位先生，我马上就要谈到你提出的环境脏乱差问题了。"随之，听众中爆发出掌声、笑声，为威尔逊的机智妙答喝彩。

别人的刻薄攻击，不仅可以当作耳旁风，而且还能对其反讥一番，这可是化解尴尬的最好途径。

在人际交往中，有许多场合都可以使用"装聋作哑"的办法，躲开别人说话的锋芒，然后避实就虚、猛然出击。其技巧关键在于躲闪避让的机智，虽是"装作"，正如实施"苦肉计"一样，却一定要表演得自然。

随时发表脱稿演讲，
提升你的影响力

脱稿讲话能体现
扎实的口才基础

在脱稿讲话时，讲话者用肢体语言和面部表情将内心的想法最大化地演绎出来，给听众带来听觉和视觉的冲击；并通过艺术化、富有逻辑性的语言以及抑扬顿挫的声音，系统地把道理、事实和故事，富有感情地传递给听众，让听众产生深刻共鸣，进而影响听众的思想，改变听众的行为。

善于脱稿演讲与即兴发言的人，总能以生动活泼的语言与听众互动，表现自己的亲和力与感染力，引发心灵的共鸣，展现自己的工作能力和个人魅力。我们之所以能够感受他们的个人魅力，是因为脱稿讲话是以良好的口才为基础的。巧妙组织语言，上下衔接顺畅自然，自然就会受到大家的赞赏。

马丁·路德·金在华盛顿广场的林肯纪念堂前发表的演说——《我有一个梦想》，他激情洋溢的演说鼓舞着现场的每一个人。

一百年前，一位伟大的美国人签署了《解放黑奴宣言》，今天我们就在他的雕像前集会。这一庄严宣言犹如灯塔的光芒，给千百万在那摧残生命的不义之火中受煎熬的黑奴带来了希望。它的到来犹如欢乐的黎明，结束了束缚黑人的漫漫长夜。

然而，一百年后的今天，黑人还没有得到自由。一百年后的今天，在种族隔离的镣铐和种族歧视的枷锁下，黑人的生活备受压榨。一百年后的今天，黑人仍生活在物质充裕的海洋中一个贫困的孤岛上。一百年后的今天，黑人仍然萎缩在美国社会的角落里，并且意识到自己是故土家园中的流亡者。今天我们在这里集会，就是要把这种骇人听闻的情况公诸于众。……

我并非没有注意到，参加今天集会的人中，有些受尽苦难和折磨，有些刚刚走出窄小的牢房，有些由于寻求自由，曾在居住地惨遭疯狂迫害的打击，并在警察暴行的旋风中摇摇欲坠。你们是人为痛苦的长期受难者。坚持下去吧，要坚定相信，忍受不应该的痛苦是一种赎罪。

让我们回到密西西比去，回到阿拉巴马去，回到南卡罗莱纳去，回到佐治亚去，回到路易斯安那去，回到我们北方城市中的贫民区和少数民族居住区去。要心中有数，这种状况是能够也必将改变的。我们不要陷入绝望而不能自拔。

朋友们，今天我对你们说，在此时此刻，我们虽然遭受种种困难和挫折，我仍然有一个梦想。这个梦是深深扎根于美国的梦想中的。

我梦想有一天，这个国家会站立起来，真正实现其信条的真谛："我们认为这些真理是不言而喻的：人人生而平等。"

我梦想有一天，在佐治亚的红山上，昔日奴隶的儿子将能够和昔日奴隶主的儿子坐在一起，共叙兄弟情谊。

我梦想有一天，甚至连密西西比州这个正义匿迹，压迫成风，如同沙漠般的地方，也将变成自由和正义的绿洲。

我梦想有一天，我的四个孩子将在一个不是以他们的肤色，而是以他们的品格优劣来评判他们的国度里生活。

我今天有一个梦想。

我梦想有一天，阿拉巴马州能够有所转变。尽管该州州长现在仍然满口异议，反对联邦法令，但有朝一日，那里的黑人男孩和女孩将能够与白人男孩和女孩情同骨肉，携手并进。

我今天有一个梦想。

我梦想有一天，幽谷上升，高山下降，坎坷曲折之路成坦途，圣光披露，满照人间。

这就是我们的希望。我怀着这种信念回到南方。有了这个信念，我们将能从绝望之岭劈出一块希望之石。有了这个信念，我们将能把这个国家刺耳的争吵声，改变成为一支洋溢手足之情的优美交响曲。

有了这个信念，我们将能一起工作，一起祈祷，一起斗争，一起坐牢，一起维护自由。因为我们知道，终有一天，我们是会自由的。

在自由到来的那一天，上帝的所有儿女们将以新的含义高唱这支歌："我的祖国，美丽的自由之乡，我为您歌唱。您是父辈逝去的地方，您是最初移民的骄傲，让自由之声响彻每个山岗。"

如果美国要成为一个伟大的国家，这个梦想必须实现。让自由之声从新罕布什尔州的巍峨峰巅响起来！让自由之声从纽约州的崇山峻岭响起来！让自由之声从宾夕法尼亚州阿勒格尼山的顶峰响起来！让自由之声从科罗拉多州冰雪覆盖的落矶山响起来！让自由之声从加利福尼亚州蜿蜒的群峰响起来！不仅如此，还要让自由之声从佐治亚州的石岭响起来！让自由之声从田纳西州的瞭望山响起来！让自由之声从密西西比州的每一座丘陵响起来！让自由之声从每一片山坡响起来。

当我们让自由之声响起来，让自由之声从每一个大小村庄、每一个州和每一个城市响起来时，我们将能够加速这一天的到来。那时，上帝的所有儿女，黑人和白人，犹太人和非犹太人，新教徒和天主教徒，都将手携手，合唱一首古老的黑人灵歌："终于自由啦！终于自由啦！感谢全能的上帝，我们终于自由啦！"

马丁·路德·金热情洋溢的演说振奋了现场每一位听众，也正体现了他扎实而出色的口才。在这个演说的过程中，他采用了很多的修辞方法，如：比喻、排比、反复、对比等，给人们展现了波澜壮阔、激越高昂、豪迈刚健、英武奔放的广阔前景。若是没有出色的口才，再好的内容也表达不出来。

其实，许多出色的脱稿演说者，都是凭借其出色的口才从人群中脱颖而出。在公司里，金钱、资源和权力的流向全部都朝着表现突出的人。好口才给予演说者的力量是任何事情都无法超越的。换句话说，没有好口才，就没有成功的脱稿演说。无数事实证明了这一观点。有一位供职于一家全球500强的大公司的员工，其升职的速度之快令人咋舌。他许多同僚的能干程度并非不及他，可他是一位非常杰出的脱稿讲话者。他的口才就是战斗力，极具说服力和影响力。毋庸置疑，他因此拥有了一项无往不胜的利器。

在生活中，脱稿讲话无处不在。教师讲课不念教案，领导开会不念稿子，朋友聚会能够畅所欲言……这些成功的脱稿讲话，无不令人钦佩。所以，我们要想在众人面前树立新形象，脱口成章，就需要我们锻炼口才。只有口才出色，无论什么即兴发言、演讲，我们都会做得很好。

◆ 随时发表脱稿演讲，提升你的影响力 ◆

用哲理表达你的思想，展示你的风采

将自己的人生感悟融入到讲稿之中，更能引起听众思考，展示你的人格魅力。

> 30岁最大的人生感受是减法…你不是所有的事都适合，也不是适合你的所有的事你都该去做。

白岩松《光阴的故事》

> 我以和平、民主和全人类自由的名义，向你们大家致敬。我作为你们谦卑的公仆，作为人民的公仆，站在这里和你们面前，……我要把余生献给你们。

曼德拉出狱演讲

脱稿演讲要最大化表达内心情感和心声

给听众带来听觉和视觉冲击，产生深刻共鸣，进而影响听众思想。

用提问牵着
听众的思路走

脱稿讲话重在交流。一次成功的讲话，并不是空洞说教，而是思想情感真挚而热情的互动。

生活中，无数的例子也充分地证明脱稿讲话有助于增强交流和互动。请看这个事例，张先生是北京一家食品公司的经理，他介绍麦当劳连锁经营方式的讲话是这样的：

> 我想问大家一下，谁到麦当劳吃过饭？（等听众回答）好，基本上都去过。那么大家知道吗，麦当劳在世界上平均每2个小时就建一个店。而且麦当劳的质量好，标准又非常统一，每个店几乎是一样的。你知道是为什么吗？（停顿）因为它采取的是连锁经营的形式。那么什么是连锁经营的形式？简单地说，就是把工业化生产原理运用到连锁企业经营当中。什么是工业化生产形式呢？就是由工厂来生产。比如，咱们穿的衣服，几乎都是买的成衣，都是在加工厂加工出来的，而不是在一个小的服装加工部加工出来的。为什么要在

加工厂加工出来？因为加工厂能够把复杂的衣服分解成无数个细小的单元，由专业的设计人员去设计服饰、样品，由专业的人员去裁剪，由专业的机工轧每个部位，由专业的人员锁眼，专业人员进行熨烫，这样就能保证衣服能以最低廉的价格、最快的速度、最好的品质、统一的标准加工出来。所以，从这个意义上讲，麦当劳不是建出来的，而是在流水线上生产出来的。这样才能够保证麦当劳快餐连锁店建店的速度最快、质量最好、标准统一。这就是麦当劳能够在世界上大行其道，每2个小时建一家店，保证它的品质，保证它的标准的最根本的原因。

张先生在整个脱稿过程中，层层深入，带着听众跟着他的思路走。用了五个问号，形成了一条线，清楚明了地向听众阐述出来流水线作业是保证连锁经营的有效方式。最为巧妙的是，他采用提问的方式创造出了与台下听众互动交流的场景，制造了轻松愉悦的氛围，从而达到了很好的沟通目的。所以，为了达成有效的互动交流，可以在讲话中设计几个有力的提问，将大大增强讲话沟通效果。

旧金山的喜剧教练约翰·坎图说过："通过唤起听众情感上的共鸣，让他们参与到脱稿演讲中来。也许在生活中有一些特殊事件对人有很多特别意义——比如说人生中的许多第一次，第一辆车、第一次约会……这些都可以引入到脱稿讲话中去。脱稿讲话者，在不念稿的时候，可以把更多的注意力放在听众身上，可以有更多的机会与观众进行情感和心灵的互动，从而调节现场的气氛，为演讲增添感染力。

随机应变，
一切尽在掌控中

　　在进行脱稿讲话的时候，难免出现各种各样意想不到的事情。而一个成功的演讲者总能把场面突发情况化险为夷，体现出良好的应变能力和创新思维。脱稿讲话和照本宣科有着很大的不同，讲稿上写的虽然是你要讲的内容，可是现场发生的意外状况是无法在讲稿上找到答案的。所以，这就需要脱稿讲话者提高应变能力，多培养创新思维。如此一来，面对一些突发状况时就不至于束手无策。

　　达尔文在一次演讲中，刚说出题目，有一位年轻美貌的女士就站起来，带着戏谑的口吻问道："听说您断言，人类是由猴子变来的？"达尔文答道："是的。"这位美女继续说："那么，我也属于您的论断之列吗？"达尔文彬彬有礼地答道："那当然啦！不过，您不是由普通的猴子变来的，而是由长得非常迷人的猴子变来的。"达尔文幽默风趣的回答博得全场一片笑声。

达尔文在面对这位女士突如其来的问题时，立马做出了回复，既避免了尴尬场面的发生，也给观众带来了笑声。显然一个人的应变能力对于化解演讲中的突发状况多么重要，这同样适用于脱稿讲话。

脱稿讲话的现场随机性特别强，它不像写文章那样可以反复地修改，弥补漏洞。听众就在面前，出现什么意外情况都要求讲话者迅速做出反应，遇到一些状况必须立即处理，需要用智慧的头脑去及时应对。正因为如此，抛却念稿，脱稿讲话才更精彩。

脱稿讲话是口语表达中最高级最完美的一种形式，但是要把脱稿讲话讲得出彩并不是一件容易的事。它依靠的不仅仅是渊博的知识储备、良好的口才能力，而且还需要一些随机应变的能力和创新思维，唯有如此，才能应对场上发生的任何意外变化。

通读记忆与讲出来的记忆
可以很不同

在脱稿讲话的时候，经常会出现这样的情形：精心准备的讲话要是逐字逐句地背诵，面对听众时很容易遗忘。即使没忘，讲起来也会显得机械生硬。这是因为它不是讲话者发自内心的言辞，而只是在应付记忆。要知道，人们的通读记忆和讲出来的记忆是完全不同的，背诵稿子只是在复述讲稿，也是变相读讲稿的一种形式，这样的讲话只能让现场死气沉沉，达不到脱稿讲话真正的效果。

为了能够流利顺畅而又充满激情地进行脱稿讲话，我们首先要放弃背稿的念头。然后静下心来好好地读已经打好的讲稿，并且不要强制自己去背，只要把主要的内容和框架熟记在心中，凭借思维，用自己的语言把讲稿的内容完整地表现出来就好。这样不仅能使你的讲话生动、深刻，还避免了忘词的困扰。

其实，在准备讲话的过程中，最好将自己的生活经历融入讲话的内容之中，搜寻有意义、有人生内涵的经验，并从这些经验中提炼出思想感悟，丰富你的讲话内容。因为这些都是你的生活经验，并不需要背诵，就可以记住。

同样一个人，同样的内容，莫言在获得诺贝尔奖颁奖典礼上发言时，"讲"的和他准备"读"的稿子差别就很大。在准备的时候，他是这样写的：

我，一个来自遥远的中国山东高密东北乡的农民的儿子，站在这个举世瞩目的殿堂上，领取了诺贝尔文学奖，这很像一个童话，但却是不容置疑的现实。

获奖后一个多月的经历，使我认识到了诺贝尔文学奖巨大的影响和不可撼动的尊严。我一直在冷眼旁观着这段时间里发生的一切，这是千载难逢的认识人世的机会，更是一个认清自我的机会。

我深知世界上有许多作家有资格甚至比我更有资格获得这个奖项。

我相信，只要他们坚持写下去，只要他们相信文学是人的光荣也是上帝赋予人的权利，那么，"他必将华冠加在你头上，把荣冕交给你"（《圣经·箴言·第四章》）。

我深知，文学对世界上的政治纷争、经济危机影响甚微，但文学对人的影响却是源远流长。有文学时也许我们认识不到它的重要，但如果没有文学，人的生活便会粗鄙野蛮。因此，我为自己的职业感到光荣也感到沉重。

借此机会，我要向坚定地坚持自己信念的瑞典学院院士们表示崇高的敬意，我相信，除了文学，没有任何能够打动你们的理由。

我还要向翻译我作品的各国翻译家表示崇高的敬意，没有你们，世界文学这个概念就不能成立。你们的工作，是人类彼此了解、互相尊重的桥梁。当然，在这样的时刻，我不会忘记我的家人、朋友对我的支持和帮助，他们的智慧和友谊在我的作品里闪耀光芒。

最后，我要特别地感谢我的故乡中国山东高密的父老乡亲，我过去是，现在是，将来也是你们中的一员；我还要特别地感谢那片生我养我的厚重大地，俗话说："一方水土养一方人"，我便是这片水土养育出来的一个说书人，我的一切工作，都是为了报答你的恩情。

谢谢大家!

而实际莫言在颁奖晚会上的即兴演讲辞是这样讲的：

尊敬的国王、王后和王室成员，女士们、先生们：

我的讲稿忘在旅馆了，但是我记在脑子里了。

我获奖以来发生了很多有趣的事情，由此也可以见证到，诺贝尔奖确实是一个影响巨大的奖项，它在全世界的地位无法动摇。我是一个来自中国山东高密东北乡的一个农民的儿子，能在这样一个殿堂中领取这样一个巨大的奖项，很像一个童话，但它毫无疑问是一个事实。

我想借这个机会，向诺奖基金会，向支持了诺贝尔奖的瑞典人民，表示崇高的敬意。要向瑞典皇家学院坚守自己信念的院士表示崇高的敬意和真挚的感谢。

我还要感谢那些把我的作品翻译成了世界很多语言的翻译家们。没有他们的创造性的劳动，文学只是各种语言的文学。正是因为有了他们的劳动，文学才可以变为世界的文学。

当然，我还要感谢我的亲人，我的朋友们。他们的友谊，他们的智慧，都在我的作品里闪耀光芒。

文学和科学相比较，的确是没有什么用处。但是文学的最大的用处，也许就是它没有用处。

谢谢大家！

两种致辞结构和内容基本一致，都谈到了获奖的感悟、对文学的认识和对瑞典文学院、翻译者及故土家园的感恩之情。但明显看出来，脱稿发言简短、朴实、没有任何的繁文缛节，因而给观众留下了深刻的印象。要知道，北欧文化崇尚讲故事，最痛恨念稿子。

脱稿讲话的最大吸引力之一在于同样的内容讲出来的效果，要远远胜于念出来的效果。所以，在脱稿讲话的时候，不读稿也不背稿，试着用自己的话语来表达你所要讲的内容，这样的脱稿讲话才会更加充满生机和活力。

在不同的舞台
展示你的影响力

在主持会议的时候，会议主持者或即兴发言者一个重要的任务，就是发挥语言的艺术性，根据不同的会议，调动听众的情绪，抓住听众的兴奋点，吸引听众的注意力。要知道，会议的类型不同要求也不相同。因此，作为讲话者，必须懂得因会而异，根据场合针对性赋予语言不同的色彩。

会议一般出现在工作中，比如说公司的平常会议，公司的年底会议、洽谈会议、谈判会议等等，这就需要发言者根据场合的需要，来做出相应的调整，发表切合实际有用的观点，达到讲话的目的。

1. 日常的工作会议

在职场中，每个人都讲究效率，所以，在出席这样的会议的时候，我们就需要长话短说，避免那些空话、套话。直接讲出重点，切合实际地把主要问题讲清楚。

即兴发言者要想在会议上说出简单而实际的话，不妨做到以下几个方面：

首先，需要发言者明确会议的主题。只有知道会议的主题是什么，才能做到心中有数，才能说出合适恰当的话。

其次，根据主题分清问题产生的原因。发言者需要结合实际，把问题产生的原因进行简明扼要的分析，并指出其中主要的原因。这样，才能以最快的方式找到问题的所在。

最后，提出合理的解决方案。在这三个环节当中，最后这个环节是重点，发言者需要把问题的解决办法逐条说出来，让听众清楚明白。

2. 单位年会

年会指一些公司、社会团体一年举行一次的集会，是企业和组织一年一度不可缺少的"家庭盛会"。在这样的场合，发言者就需要说出振奋人心的话。若你是公司的领导者，在发言的时候，不妨遵循这样的模式：

首先，在开头的时候要祝贺所有的员工，祝贺他们在这一年里取得的骄人的成绩，代表公司恭祝大家新年快乐。

其次，发言者需要年度回顾，用简单的话语回顾一下过去。

再次，在回顾过去之后，接下来就需要展望未来。描绘一下公司美好的愿景，鼓舞员工们的斗志。

最后，再说下一个年度安排。在新的一年里的工作安排可以简单提一下。

依照上述的框架，就知道在这样的场合，应该怎么说才能切合实际了。

3. 谈判会议

不同的谈判场合决定着讲话者应该说什么。这方面的会议，没有一个约定俗成的框架，需要发言者根据实际情况去应对。但这里要提醒的是，在谈判会议上，一定要切中要害地说出关键的话，让对方信服你。

首先，在会议开始时，要阐明自己的立场。比如说在销售方面的谈判会议，目的是双方要就各自提出的条件达成一致，那么在会议开始时便需要表明自己立场。需要注意的是，不要带着犹豫的口气，要做到干净利落的表达。

其次，协商过程。在谈判会议上，最易出现僵持的阶段就是协商的过程，这就需要讲话者打破这种僵局，找到突破口，尽量挽回局面，争取能够在协商的状态下，双方能够达成一致。

最后，要表示感谢，提出展望。就成功的谈判会议而言，在结尾时一般都需要表示感谢，感谢彼此能达成共识，并且期望在下一阶段顺利的合作。

总而言之，讲话者要根据不同的会议来调整自己的讲话内容，调整讲话节奏，才会在会议上得到更多人的认可，从而扩大自己的影响力。